职业教育测绘类专业系列教材

测绘法规概论

主　编　刘晓燕
副主编　毛远芳
参　编　钟焕良　何宗友
主　审　黄民权

机械工业出版社

本书根据当前职业院校学生的学习能力和知识水平，结合职业院校的培养目标和专业教学要求，将测绘法律法规知识和德育工作相结合，以"必需、够用"为原则组织编写。全书共分为15个学习情境，即测绘法规基本知识、职业道德规范基本知识、测绘技术规范的联系、依法使用测绘作业证、测绘安全生产管理、公共生活与地图的使用、善用合同办事及测绘合同、外国组织或个人来华测绘管理、保护测量标志人人有责、测绘成果保管及使用、涉密测绘成果的使用、测绘资质管理、测绘项目承包发包、测绘质量管理、正确绘制中国地图。本书特色鲜明，将法律法规与德育工作巧妙地结合起来，并邀请企业专家参与编写，使内容对接行业，紧跟生产实际。

本书可作为职业院校、技校测量类相关专业的教材或参考资料，也可作为测量人员培训、成人教育及工程技术人员的参考用书。

为方便教学，本书配有电子课件，凡选用本书作为授课教材的教师均可登录 www.cmpedu.com，以教师身份免费注册下载。编辑热线：010-88379934；机械工业出版建筑教材交流QQ群：221010660。

图书在版编目（CIP）数据

测绘法规概论/刘晓燕主编. —北京：机械工业出版社，2016.6（2025.1重印）

职业教育测绘类专业系列教材

ISBN 978-7-111-53384-9

Ⅰ.①测… Ⅱ.①刘… Ⅲ.①测绘法令-中国-高等职业教育-教材 Ⅳ.①D922.17

中国版本图书馆CIP数据核字（2016）第165662号

机械工业出版社（北京市百万庄大街22号 邮政编码100037）
策划编辑：刘思海　　　责任编辑：刘思海　马碧娟
责任校对：李　伟　佟瑞鑫　封面设计：鞠　杨
责任印制：张　博
北京建宏印刷有限公司印刷
2025年1月第1版第9次印刷
184mm×260mm·7.75印张·175千字
标准书号：ISBN 978-7-111-53384-9
定价：29.00元

电话服务　　　　　　　　网络服务
客服电话：010-88361066　机 工 官 网：www.cmpbook.com
　　　　　010-88379833　机 工 官 博：weibo.com/cmp1952
　　　　　010-68326294　金　书　网：www.golden-book.com
封底无防伪标均为盗版　机工教育服务网：www.cmpedu.com

序

当前，职业教育的核心任务是提高教育教学质量，提高质量的关键在于教师。因此，师资队伍的建设是中职学校十分重要的工作，从国家到各省、市直至学校都高度重视师资的培养。读了由学校教师和企业专家共同编写的本书，深感喜悦和安慰。

本书考虑了职业学校和技工学校学生的学习能力和知识水平，减少了纯理论讲解，把专业技能知识和德育结合起来，整编为不同内容的独立学习情境。每个学习情境先从基本的德育知识展开，逐步深化德育内容，再进入测绘法规内容，最后以测绘专业技术人员的身份来学习专业测绘法律法规知识，由浅入深，从德育基本规范到测绘专业技术法律，将基础文化课内容和测绘专业课内容完美结合，是个大胆的创新。

企业专家参与本书的编写，满足了当前职业教育的要求，使内容对接行业，紧跟生产实际，解决了教材落后于生产一线的问题，值得提倡和深入合作，希望在教学应用中不断探索、完善和修改，以满足学生学习的需要。

测量专业是建设类学校开设的新专业，教师们能积极开发适合学生使用的新教材，是个很好的开端。希望教师们对测量专业的课程结构体系和专业核心课程深入开展研讨，开发适合中职学生使用的教材，构建中职测量专业课程结构体系，实现学校德技兼备的人才培养目标。

前　　言

在当前形势下，对于技能型专业学生来说，一般法律法规条文的学习都比较枯燥，其自身的法律知识结构也非常不完整，因此难以理解众多条文。而职业院校在技能培养的同时也注重德育工作，以提高学生的整体素质。因此，根据当前职业院校学生的学习能力和知识水平，结合职业院校的培养目标和专业教学要求，本书特将测绘法律法规知识和德育工作相结合，以"必需、够用"为原则。

本书在编写模式上做了较大改革，主要体现在以下几个方面：

1. 采用学习情境模式进行编写，每个学习情境先从基本的德育知识展开，然后逐步深化德育内容，再进入测绘法规内容，最后以测绘专业技术人员的身份来学习专业测绘法律法规知识。

2. 学习内容由浅入深，从德育基本规范到测绘专业技术法律，将基础文化课内容和测绘专业课内容有机地结合在一起，形成了具有鲜明特色的15个学习情境。

3. 每个学习情境的内容是相互独立的，但教学内容又是相互关联的。学习情境中的内容包含了基本的法律规定、案例、讨论问题和知识链接，通过不同的呈现形式提高学生的学习兴趣，激发学生的积极性。

4. 本书的编写得到了广东省国土资源测绘院钟焕良和何宗友两位高级工程师的亲自参与，使学校的教学与生产一线紧密结合，突出了实用性和时代性，增强了职业道德、职业规范和职业标准在实际生产中的作用，过程性知识有所增强。

本书建议每个学习情境安排2课时，可根据教学内容合理分配教学时间。

本书由广州市建筑工程职业学校刘晓燕担任主编，广州市建筑工程职业学校毛远芳担任副主编，广东省国土资源测绘院高级工程师钟焕良和何宗友参编，全书由黄民权主审。黄民权既是行业专家也是教育专家，他使本书融合了行业相关法规和学生道德标准及人才培养标准，更有针对性和职业特色。

由于编者水平有限，书中错误之处在所难免，欢迎读者批评指正。

编　者

目 录

序
前言
学习情境 1　测绘法规基本知识 …………………………………………………… 1
学习情境 2　职业道德规范基本知识 ……………………………………………… 8
学习情境 3　测绘技术规范的联系 ………………………………………………… 14
学习情境 4　依法使用测绘作业证 ………………………………………………… 19
学习情境 5　测绘安全生产管理 …………………………………………………… 26
学习情境 6　公共生活与地图的使用 ……………………………………………… 41
学习情境 7　善用合同办事及测绘合同 …………………………………………… 48
学习情境 8　外国组织或个人来华测绘管理 ……………………………………… 59
学习情境 9　保护测量标志人人有责 ……………………………………………… 66
学习情境 10　测绘成果保管及使用 ………………………………………………… 74
学习情境 11　涉密测绘成果的使用 ………………………………………………… 81
学习情境 12　测绘资质管理 ………………………………………………………… 89
学习情境 13　测绘项目承包发包 …………………………………………………… 97
学习情境 14　测绘质量管理 ………………………………………………………… 104
学习情境 15　正确绘制中国地图 …………………………………………………… 112
参考文献 ……………………………………………………………………………… 117

学习情境 1

测绘法规基本知识

【学习目标】
1. 熟悉公民基本法律法规，弘扬法制精神。
2. 理解测绘行业基础法律，自觉依法律己，避免违法犯罪。
3. 依法从事测绘活动，维护公平正义。

一、法律体系

1）法律。法律由全国人民代表大会及其常务委员会制定。

2）行政法规。行政法规由国务院根据宪法和法律，按照行政法规制定程序制定。行政法规的地位和效力仅次于法律，服从于宪法和法律。

3）地方性法规。地方性法规是指由地方立法机关制定或认可的，其效力不能及于全国，而只能在地方区域内发生法律效力的规范性法律文件。在我国，地方性法规是一种数量最大的法律渊源，包括一般地方性法规与特殊地方性法规。

4）部门规章。部门规章由国务院各部、委和具有行政管理职能的直属机构，根据法律和国务院的行政法规、决定、命令，在本部门的权限范围内制定。部门规章经部务会议或者委员会会议决定，由部门首长签署命令予以公布。

5）规范性文件。规范性文件由各级行政机关、团体、组织依法制定、发布。因其内容具有约束和规范人们行为的性质，故称为规范性文件。

二、认识宪法

宪法是法律的法律。——马克思

1. 宪法概述

《中华人民共和国宪法》是我国的根本大法，拥有最高法律效力。我国共制定过四部宪法，现行宪法是在 1982 年由第五届全国人民代表大会第五次会议通过的，经过了 1988 年、1993 年、1999 年和 2004 年四次修正。

《中华人民共和国宪法》序言部分规定："本宪法以法律的形式确认了中国各族人民奋斗的成果，规定了国家的根本制度和根本任务，是国家的根本法，具有最高的法律效力。全国各族人民、一切国家机关和武装力量、各政党和各社会团体、各企业事业组织，都必须以宪法为根本的活动准则，并且负有维护宪法尊严、保证宪法实施的职责。"

2. 宪法与普通法律的关系

宪法是国家的根本法，在本质上同普通法律一致。但因为它是根本法，又与普通法律有所不同，具有其特殊属性，主要表现在下列四个方面：

1）宪法规定国家的根本制度、国家生活的基本原则，有的国家因此把宪法称为根本法或基本法。

2）宪法除规定社会制度和国家制度的基本原则外，还规定国家政权机关组织和确认公民的基本权利与义务。

3）由于宪法所规定的是国家生活中最根本、最重要的原则和制度，所以宪法是立法机关进行日常立法活动的法律基础。因而，宪法又被称为"母法""最高法"，普通法律则被称为"子法"。

4）宪法只能规定立法原则，而不能代替普通立法。

例如，《中华人民共和国刑法》第一条规定："为了惩罚犯罪，保护人民，根据宪法，结合我国同犯罪作斗争的具体经验及实际情况，制定本法。"

又如，《中华人民共和国民法通则》第一条规定："为了保障公民、法人的合法的民事权益，正确调整民事关系，适应社会主义现代化建设事业发展的需要，根据宪法和我国实际情况，总结民事活动的实践经验，制定本法。"

三、法的效力

1）效力等级：宪法——法律——行政法规——地方性法规与部门规章。

2）上位法优于下位法。例如，《中华人民共和国安全生产法》优于《建设工程安全生产管理条例》。

3）特别法优于一般法。例如，《中华人民共和国招标投标法》优于《中华人民共和国合同法》。

4）新法优于旧法。例如，《中华人民共和国物权法》优于《中华人民共和国担保法》。

四、我国测绘法律法规现状

目前，我国已经初步建立了由法律、行政法规、地方性法规、部门规章、政府规章、重要规范性文件等共同组成的测绘法律法规体系，为测绘管理提供了依据，也为从事测绘活动提供了基本准则。

1. 重要的测绘法律法规

1）《中华人民共和国测绘法》：1992年12月28日由主席令第66号予以公布；2002年8月29日修订，由主席令第75号予以公布。《中华人民共和国测绘法》是我国测绘工作的基本法律，是从事测绘活动的基本准则，也是制定测绘行政法规、部门规章和规范性文件的主要依据。

2）《地图管理条例》：2015年11月26日国务院令第664号公布《地图管理条例》，自2016年1月1日起施行，国务院1995年7月10日发布的《中华人民共和国地图编制出版管理条例》同时废止。该条例是一部专门规范地图编制出版活动的行政法规，是地图管理的主要依据。该条例对地图内容表示的原则、编制、出版地图的资质、地图印刷或者展示前的审核及备案、地图著作权保护等都做出了明确的规定。

3)《中华人民共和国测绘成果管理条例》：2006年5月27日由国务院令第469号公布。该条例对测绘成果的汇交、保管、秘密范围和等级确定、利用涉及国家秘密的测绘成果保密技术处理、利用测绘成果的审批、著作权保护、重要地理信息数据的审核公布与使用等做出了规定。

4)《中华人民共和国测量标志保护条例》：1996年9月4日由国务院令第203号公布。该条例对测量标志管理的职责分工，测量标志建设的要求、占地范围、设置标记、义务保管、检查维修、有偿使用、拆迁审批、标志保护，打击破坏测量标志的违法行为等做出了规定。

5)《基础测绘条例》：2009年5月12日由国务院令第556号公布。该条例对基础测绘的分级管理、规划和计划制定、经费来源、组织实施、成果更新、信息共享等做出了规定。

2. 重要的测绘部门规章和规范性文件

1)《外国的组织或者个人来华测绘管理暂行办法》：2007年1月19日由国土资源部令第38号公布，自2007年3月1日起施行，根据2011年4月27日国土资源部令第52号《国土资源部关于修改〈外国的组织或者个人来华测绘管理暂行办法〉的决定》修正。该办法规定了外国组织或者个人来华测绘必须遵循的原则、组织形式、审批和监督管理、禁止从事的活动、资质条件和资质的申请审批、一次性测绘的申请审批、罚则等。

2)《地图审核管理规定》：2006年6月23日由国土资源部令第34号公布。这个部门规章对地图审核主体、地图审核的申请与受理、地图内容审查、审批与备案、罚则等做出了规定。

3)《重要地理信息数据审核公布管理规定》：2003年3月25日由国土资源部令第19号发布。这个部门规章对重要地理信息数据的含义、审核公布的主体、建议人提出审核公布建议的办法、审核的主要内容、公布的方法、罚则等做出了规定。

4)《房产测绘管理办法》：2000年12月28日由建设部（现住房和城乡建设部）、国家测绘局（现国家测绘地理信息局）第83号令发布。该办法对房产测绘的委托、资格管理、成果管理、法律责任等做出了规定。

5)《测绘资质管理规定》：2014年7月1日，由国家测绘地理信息局以国测管发〔2014〕31号印发。该规定分总则、申请与受理、审查与决定、变更与延续、监督管理、罚则、附则7章37条，自2014年8月1日起施行。

6)《测绘资质分级标准》：2014年7月1日，由国家测绘地理信息局以国测管发〔2014〕31号印发。该标准划分为通用标准和专业标准两部分，专业标准包括大地测量、测绘航空摄影、摄影测量与遥感、地理信息系统工程、工程测量、不动产测绘、海洋测绘、地图编制、导航电子地图制作、互联网地图服务，自2014年8月1日起施行。

7)《注册测绘师制度暂行规定》：2007年1月24日由人事部（现人力资源和社会保障部）、国家测绘局共同发布。这个部门规章对注册测绘师的管理、考试科目、申请考试条件、考试办法、注册测绘师资格证书的取得、注册、执业范围、执业能力、权利、义务等做出了规定。

8)《测绘作业证管理规定》：2004年3月19日由国家测绘局发布。这个部门规章对测绘作业证的管理、申请、受理、审核、发放、注册、使用、当事人的权利义务等做出了规定。

9)《建立相对独立的平面坐标系统管理办法》：2006年4月12日由国家测绘局发布。该办法对相对独立的平面坐标系统的含义、审批主体、申请、受理、审批程序和期限等做出了规定。

10)《测绘标准化工作管理办法》：2008年3月10日由国家测绘局发布。该办法对测绘标准化工作的组织机构和职责分工、国家标准和行业标准的制定、标准项目的立项程序、测绘标准制定和修订的程序及要求、审批、发布、实施、监督、复审等做出了规定。

11)《地理信息标准化工作管理规定》：2009年4月1日由中国国家标准化管理委员会、国家测绘局发布。这个部门规章对地理信息标准化工作的职责、地理信息标准的立项、制定与修订、实施与监督等做出了规定。

12)《测绘计量管理暂行办法》：1996年5月22日由国家测绘局发布。该办法对计量标准的考核认证、测绘计量器具的检定机构的授权、计量检定人员的考核认证、测绘计量器具的检定办法和要求等做出了规定。

13)《测绘地理信息质量管理办法》：2015年6月26日由国家测绘地理信息局发布。该办法分总则、监督管理、测绘单位的质量责任与义务、测绘质检机构的质量责任与义务、质量奖惩、附则6章37条。

14)《测绘生产质量管理规定》：1997年7月22日由国家测绘局发布。这个部门规章对测绘单位质量管理机构和人员、测绘质量责任制、生产组织准备的质量管理、生产作业过程的质量管理、产品使用过程的质量管理、质量奖惩等做出了规定。

15)《关于汇交测绘成果目录和副本的实施办法》：1993年5月18日由国家测绘局发布。该办法对汇交的测绘成果类别、汇交主体、期限、接收机构、成果保护和提供等做出了规定。

16)《测绘科学技术档案管理规定》：1988年3月4日由国家测绘局、国家档案局发布。这个部门规章对测绘科技档案的内容、机构及其职责、归档、保管、利用、销毁等做出了规定。

17)《基础测绘成果提供使用管理暂行办法》：2006年9月25日由国家测绘局发布。该办法对基础测绘成果提供使用管理机构、使用条件、申请、受理、批准、领取、提供、使用原则、使用情况跟踪检查等做出了规定。

目前，绝大多数省、自治区、直辖市都制定了测绘地方性法规，多见于各地的测绘管理条例或者测绘法实施办法。

案例1-1

2009年5月，××省××市测绘行政主管部门接到群众举报，3名外国公民在××市涉嫌从事非法测绘活动，××市测绘行政主管部门立即进行了立案调查。经查，3名外国公民未经国务院测绘行政主管部门批准，于2009年5月使用手持GPS（全球定位系统）接收机在××市采集地理信息数据，并在录入计算机的1:10000和1:20000地形图上进行编绘。3

名外国公民的行为违反了《中华人民共和国测绘法》第七条和《外国的组织或者个人来华测绘管理暂行办法》第六条关于外国的组织或者个人来华测绘管理的有关规定。

2009年5月27日，××市测绘行政主管部门依据《中华人民共和国测绘法》第五十一条关于外国的组织或者个人未经批准在中华人民共和国领域和管辖的其他海域从事测绘活动的法律责任的规定，责令3名外国公民立即停止违法行为，做出没收测绘成果和测绘工具，并处相应数额罚款的行政处罚。

（案例引自《2009年度十大测绘违法典型案件》）

请查阅相关资料了解《中华人民共和国测绘法》第七条和《外国的组织或者个人来华测绘管理暂行办法》第六条关于外国的组织或者个人来华测绘管理的有关规定，了解《中华人民共和国测绘法》第五十一条关于外国的组织或者个人未经批准在中华人民共和国领域和管辖的其他海域从事测绘活动的法律责任的规定。

案例1-2

2010年7月，××市规划监察执法总队测绘支队在巡查时发现，某地产集团××分公司开发建设的项目内的国家大地控制点被毁坏，立即进行了立案调查。经查，自2009年2月起，××市规划监察执法总队测绘支队在巡查时多次检查过该测量标志，并告知建设单位保护好该测量标志，但该单位未按照要求进行保护或者依法搬迁，导致该永久性测量标志在建设过程中被损毁并失去效能。该地产集团××分公司违反了《中华人民共和国测绘法》第三十五条、《中华人民共和国测量标志保护条例》第二十二条关于任何单位和个人不得损毁或者擅自移动测量标志的有关规定。

2010年8月12日，××市规划局依据《中华人民共和国测绘法》第五十条、《中华人民共和国测量标志保护条例》第二十三条关于损毁或者擅自移动永久性测量标志的法律责任的有关规定，对该地产集团××分公司做出相应数额罚款的行政处罚，并责成该建设单位到测绘行政主管部门办理永久性测量标志拆迁手续，支付该测量标志的迁建费用。

（案例引自《国家测绘局通报2010年十大测绘违法典型案件》）

请查阅相关资料了解《中华人民共和国测绘法》第三十五条、《中华人民共和国测量标志保护条例》第二十二条关于任何单位和个人不得损毁或者擅自移动测量标志的有关规定，了解《中华人民共和国测绘法》第五十条、《中华人民共和国测量标志保护条例》第二十三条关于损毁或者擅自移动永久性测量标志的法律责任的有关规定。

【知识链接】

《中华人民共和国测绘法》部分条文

第六条　国家鼓励测绘科学技术的创新和进步，采用先进的技术和设备，提高测绘水平。

对在测绘科学技术进步中做出重要贡献的单位和个人，按照国家有关规定给予奖励。

第七条　外国的组织或者个人在中华人民共和国领域和管辖的其他海域从事测绘活动，必须经国务院测绘行政主管部门会同军队测绘主管部门批准，并遵守中华人民共和国的有关法律、行政法规的规定。

外国的组织或者个人在中华人民共和国领域从事测绘活动，必须与中华人民共和国有关部门或者单位依法采取合资、合作的形式进行，并不得涉及国家秘密和危害国家安全。

第三十五条　任何单位和个人不得损毁或者擅自移动永久性测量标志和正在使用中的临时性测量标志，不得侵占永久性测量标志用地，不得在永久性测量标志安全控制范围内从事危害测量标志安全和使用效能的活动。

本法所称永久性测量标志，是指各等级的三角点、基线点、导线点、军用控制点、重力点、天文点、水准点和卫星定位点的木质觇标、钢质觇标和标石标志，以及用于地形测图、工程测量和形变测量的固定标志和海底大地点设施。

第三十六条　永久性测量标志的建设单位应当对永久性测量标志设立明显标记，并委托当地有关单位指派专人负责保管。

第五十一条　违反本法规定，有下列行为之一的，责令停止违法行为，没收测绘成果和测绘工具，并处1万元以上10万元以下的罚款；情节严重的，并处10万元以上50万元以下的罚款，责令限期离境；所获取的测绘成果属于国家秘密，构成犯罪的，依法追究刑事责任：

（一）外国的组织或者个人未经批准，擅自在中华人民共和国领域和管辖的其他海域从事测绘活动的；

（二）外国的组织或者个人未与中华人民共和国有关部门或者单位合资、合作，擅自在中华人民共和国领域从事测绘活动的。

第五十二条　本法规定的降低资质等级、暂扣测绘资质证书、吊销测绘资质证书的行政处罚，由颁发资质证书的部门决定；其他行政处罚由县级以上人民政府测绘行政主管部门决定。

本法第五十一条规定的责令限期离境由公安机关决定。

《外国的组织或者个人来华测绘管理暂行办法》部分条文

第五条　来华测绘应当符合测绘管理工作国家秘密范围的规定。测绘活动中涉及国防和国家其他部门或者行业的国家秘密事项，从其主管部门的国家秘密范围规定。

第六条　外国的组织或者个人在中华人民共和国领域测绘，必须与中华人民共和国的有关部门或者单位依法采取合资、合作的形式（以下简称合资、合作测绘）。

前款所称合资、合作的形式，是指依照《中华人民共和国中外合资经营企业法》、《中华人民共和国中外合作经营企业法》的规定设立合资、合作企业。

经国务院及其有关部门或者省、自治区、直辖市人民政府批准，外国的组织或者个人来华开展科技、文化、体育等活动时，需要进行一次性测绘活动的（以下简称一次性测绘），可以不设立合资、合作企业，但是必须经国务院测绘行政主管部门会同军队测绘主管部门批准，并与中华人民共和国的有关部门和单位的测绘人员共同进行。

《中华人民共和国测量标志保护条例》部分条文

第二十一条　永久性测量标志的重建工作，由收取测量标志迁建费用的部门组织实施。

第二十二条　测量标志受国家保护，禁止下列有损测量标志安全和使测量标志失去使用效能的行为：

（一）损毁或者擅自移动地下或者地上的永久性测量标志以及使用中的临时性测量标志的；

（二）在测量标志占地范围内烧荒、耕作、取土、挖沙或者侵占永久性测量标志用地的；

（三）在距永久性测量标志 50m 范围内采石、爆破、射击、架设高压电线的；

（四）在测量标志的占地范围内，建设影响测量标志使用效能的建筑物的；

（五）在测量标志上架设通讯设施、设置观望台、搭帐篷、拴牲畜或者设置其他有可能损毁测量标志的附着物的；

（六）擅自拆除设有测量标志的建筑物或者拆除建筑物上的测量标志的；

（七）其他有损测量标志安全和使用效能的。

第二十三条　有本条例第二十二条禁止的行为之一，或者有下列行为之一的，由县级以上人民政府管理测绘工作的部门责令限期改正，给予警告，并可以根据情节处以 5 万元以下的罚款；对负有直接责任的主管人员和其他直接责任人员，依法给予行政处分；造成损失的，应当依法承担赔偿责任：

（一）干扰或者阻挠测量标志建设单位依法使用土地或者在建筑物上建设永久性测量标志的；

（二）工程建设单位未经批准擅自拆迁永久性测量标志或者使永久性测量标志失去使用效能的，或者拒绝按照国家有关规定支付迁建费用的；

（三）违反测绘操作规程进行测绘，使永久性测量标志受到损坏的；

（四）无证使用永久性测量标志并且拒绝县级以上人民政府管理测绘工作的部门监督和负责保管测量标志的单位和人员查询的。

学习情境 2

职业道德规范基本知识

【学习目标】
1. 自觉践行公民道德基本规范，做有道德的人。
2. 了解职业道德与行业道德规范的概念。
3. 理解职业道德的作用。
4. 理解测绘行业道德规范。

一、公民基本道德规范

从理论上看，公民基本道德规范与家庭道德、社会公德和职业道德是一般与个别的关系；从实践上看，公民基本道德规范适用于全体公民，是大家都应当熟知和遵守的，也是理解和遵守家庭道德、社会公德和职业道德的前提。

 议一议

我国公民应当遵守的基本道德规范有哪些？

二、道德的意义

良好的道德有助于提高人的精神境界、促进人的自我完善、推动人的全面发展，也是人生幸福和事业成功的重要支柱。良好的道德有助于建立和谐的人际关系，创造自身和事业发展的有利外部环境。宇宙浩瀚纷繁，生物瞬息万变，在精神与物质、道义与私利、理想与现实、现在与将来的坐标上，如何开展自己的人生行动，是每个有理想的人都应该深思的。

社会主义和谐社会为每个社会成员提供了自我发展、自我实现的舞台，同时也要求每个社会成员遵守法律规范和社会道德，严厉惩罚那些违背社会规律、破坏社会秩序的行为。我们在行动中要尊重社会规律，遵守法律和道德，使自己的行动符合社会发展和人民群众的根本利益，充分实现和提升自己的人生价值。

三、个人品德修养

从理论上讲，个人品德修养是公民道德建设的重要内容，是"四德"（社会公德、职业道德、家庭美德、个人品德）建设的基石。从实践上讲，个人品德建设方面存在着一些困难和挑战，在中职学生身上也有一定程度的反映，加强个人品德修养对中职学生具有直接的、现实的意义。

 **议一议**

辩题①：讲爱国是唱高调，与我无关，我只想做好本职工作。
辩题②：礼仪过多太古板、不实在，现代人要自由、随便一点。
辩题③：我靠自己能力做事，团结与否无所谓；办事得靠关系，自强没用。
辩题④：多劳多得，凭本事吃饭，奉献观念已过时。

四、社会公德基本规范

从理论上讲，社会公德既是全体社会成员共同的行动准则，又是公民个人道德水准和社会道德风气的标志；从实践上讲，社会公德与学生生活密切相关，而学生在某些方面也有做得不够的地方，需要加以强化（见图2-1）。

图 2-1

五、职业道德

职业道德是指从事一定职业的人在职业生活中应当遵循的具有职业特征的道德要求和行为准则。

 议一议

辩题①：职业道德与从事的职业活动无关。
辩题②：职业活动中的道德要求与行为准则可以随意设定。

所有的职业都有相应的职业道德，不同职业的职业道德是不一样的，职业道德体现着行业特点，具有广泛性、实用性、时代性等特点（见图2-2）。

图 2-2

议一议

行有行规，业有业德，请学生列举以下职业的职业道德部分要求：
① 医生：治病救人，救死扶伤。
② 教师：教书育人，爱护学生。
③ 会计：实事求是，廉洁自律。
④ 护士：促进健康，预防疾病，恢复健康和减轻痛苦。
⑤ 建筑师：_____。
⑥ 项目经理：_____。
⑦ 测量人员：_____。

六、测绘行业职业道德

测绘是一项非常艰苦的工作，外业职工常年跋山涉水、风餐露宿，工作十分辛苦（见图2-3）。测绘行业的艰苦特点，要求广大测绘工作者树立以测绘为荣、吃苦耐劳、不畏艰险的奉献精神。这就要求广大测绘工作者树立社会主义职业观，深刻理解测绘的职业价值和职业责任，树立高度的职业责任感和崇高的职业荣誉感；要求广大测绘工作者面对测绘业的艰苦特点，发扬爱测绘、干测绘的爱岗敬业精神，为祖国的测绘事业做出应有的贡献。在我们的职工队伍中，有些人认为：现在是市场经济，不再提倡艰苦奋斗、无私奉献的精神，对自己

图 2-3

所从事的测绘事业没有正确认识,怕艰苦,不安心外业测绘工作,甚至厌恶干外业工作,看不起自己所从事的职业,总想调离测绘单位。这些人不仅没有完全理解测绘工作的重要性,而且也不懂得任何工作都是要付出艰辛劳动的。测绘工作是艰苦的工作,但又是国家经济建设所必需的一项重要工作,这就要求广大测绘工作者在工作中发扬艰苦奋斗、顽强拼搏的精神,在工作需要的时候勇于付出自己的一切,无论什么时代都需要大力弘扬艰苦奋斗、乐于奉献的测绘精神。

议一议

① 测量是施工的眼睛,测量是联系设计与施工的纽带,测量成果是工程结算的重要依据,在工程施工中,测量人员的职业道德是非常重要的,很多工程质量事故的发生,给单位造成了不同程度的损失,很多施工队的结算水分很大,给企业造成资金的流失,这里面有些就是由于测量人员的职业道德不够高引起的,因此,加强施工测量人员的职业道德教育,提高测量人员的整体素质是相当重要的。

② 测量人员的职业道德是和整个社会的大趋势联系在一起的。测量市场刚刚放开,是我国有待法律规范的市场。这样的市场反而加剧了恶性竞争,明显不是好事情。对测量人员来说,自己的收入、工作受到威胁;对工程建设来说,由于恶性竞争,特别是超低成本投标竞争,导致工程质量上不去,贻害百年。在这种情况下,对测绘人员除了需要提高专业技能外,还得大力培养职业道德。另外,应该将一个测量人员的测量成果存档。

【知识链接】

《注册测绘师制度暂行规定》部分条文

第二十八条　注册测绘师应在一个具有测绘资质的单位,开展与该单位测绘资质等级和业务许可范围相应的测绘执业活动。

第二十九条　注册测绘师的执业范围:

(一) 测绘项目技术设计;

(二) 测绘项目技术咨询和技术评估;

(三) 测绘项目技术管理、指导与监督;

(四) 测绘成果质量检验、审查、鉴定;

(五) 国务院有关部门规定的其他测绘业务。

第三十条　注册测绘师的执业能力:

(一) 熟悉并掌握国家测绘及相关法律、法规和规章;

(二) 了解国际、国内测绘技术发展状况,具有较丰富的专业知识和技术工作经验,能够处理较复杂的技术问题;

(三) 熟练运用测绘相关标准、规范、技术手段,完成测绘项目技术设计、咨询、评估及测绘成果质量检验管理；

（四）具有组织实施测绘项目的能力。

第三十一条　在测绘活动中形成的技术设计和测绘成果质量文件，必须由注册测绘师签字并加盖执业印章后方可生效。

第三十二条　修改经注册测绘师签字盖章的测绘文件，应由该注册测绘师本人进行；因特殊情况，该注册测绘师不能进行修改的，应由其他注册测绘师修改，并签字、加盖印章，同时对修改部分承担责任。

第三十三条　注册测绘师从事执业活动，由其所在单位接受委托并统一收费。因测绘成果质量问题造成的经济损失，接受委托的单位应承担赔偿责任。接受委托的单位依法向承担测绘业务的注册测绘师追偿。

第三十四条　注册测绘师享有下列权利：

（一）使用注册测绘师称谓；

（二）保管和使用本人的《中华人民共和国注册测绘师注册证》和执业印章；

（三）在规定的范围内从事测绘执业活动；

（四）接受继续教育；

（五）对违反法律、法规和有关技术规范的行为提出劝告，并向上级测绘行政主管部门报告；

（六）获得与执业责任相应的劳动报酬；

（七）对侵犯本人执业权利的行为进行申诉。

第三十五条　注册测绘师应履行下列义务：

（一）遵守法律、行政法规和有关管理规定，恪守职业道德；

（二）执行测绘技术标准和规范；

（三）履行岗位职责，保证执业活动成果质量，并承担相应责任；

（四）保守知悉的国家秘密和委托单位的商业、技术秘密；

（五）只受聘于一个有测绘资质的单位执业；

（六）不准他人以本人名义执业；

（七）更新专业知识，提高专业技术水平；

（八）完成注册管理机构交办的相关工作。

中国测绘职工职业道德规范（试行）

爱岗敬业、奉献测绘。测绘职工应当大力弘扬"爱祖国、爱事业、艰苦奋斗、无私奉献"的测绘精神，增强职业荣誉感，热爱测绘，乐于奉献，吃苦耐劳，不畏艰险。

维护版图、保守秘密。测绘职工应当具有强烈的爱国主义精神，增强政治责任感和国家版图意识，自觉维护国家版图的严肃性和完整性；增强保密观念和信息安全意识，确保地理空间信息安全。

严谨求实、质量第一。测绘职工应当自觉维护国家测绘基准、测绘系统的法定性和统一性，严格遵守测绘技术标准、规范图式和操作规程，真实准确，细致及时，确保成果质量。

崇尚科学、开拓创新。测绘职工应当弘扬科学精神，刻苦钻研技术，勇攀科技高峰；应当加强学习，大胆实践，与时俱进，积极进取，不断提高创新意识和能力。

服务用户、诚信为本。测绘职工应当牢固树立服务意识，主动服务，优质服务，拓宽服务领域，提高服务能力；在测绘活动中应当树立信用观念，遵守合同，诚实守信。

遵纪守法、团结协作。测绘职工应当树立法制观念，依法测绘，安全生产，合法经营，公平竞争，自觉维护测绘市场秩序；应当增强集体意识和团队精神，友爱互助，文明作业。

学习情境 3

测绘技术规范的联系

【学习目标】
1. 熟悉事物普遍联系的定义。
2. 理解测绘技术中的普遍联系。
3. 掌握通过测绘标准化实现测绘技术要求的统一。

一、用联系的观点看问题

人们对于狼可谓是避而远之,可是最近几年科学家们却提出要把狼请回来做客,这又是为什么呢?原来,在美国的一个自然生态保护区发生了这样一件事:该自然生态保护区本来存在着鹿群与狼群,可当地的人们为了保护鹿群却大量捕杀狼,失去天敌的鹿群在舒适的环境中运动量逐渐减少,体质下降,鹿群出现了大量死亡,最后只得"引狼入室"。从这一过程,我们可以看出一个事物同周围其他事物存在着相互影响、相互制约的关系。

联系是事物之间以及事物内部各要素之间相互作用、相互影响和相互制约的关系。

事物在普遍联系中存在,主要体现在:①事物都与其他事物相互联系(外部联系);②事物内部的各要素之间相互联系(内部联系)。

在西方有一首民谣:丢失一个钉子,坏了一只蹄铁;坏了一只蹄铁,折了一匹战马;折了一匹战马,伤了一位骑士;伤了一位骑士,输了一场战斗;输了一场战斗,亡了一个帝国。

世界上的一切事物都处在普遍联系之中,没有任何一个事物是孤立存在的,整个世界就是一个普遍联系的统一整体。事物的联系是客观的,人们要认识和把握事物的真实联系,就必须具体分析事物之间的联系。一个钉子和一个帝国看起来毫无联系,但通过一些中介,如蹄铁与战马、战马与骑士、骑士与战斗等,两者之间就发生了紧密的联系,而人们正是忽视了它们之间的某种客观联系才导致了"亡了一个帝国"的悲剧。

蛇岛上生存着鼠和蛇两类生物,天暖时,蛇以鼠类为食,蛇类大量繁殖,鼠类迅速减少,一到天冷,蛇类进入冬眠,不能动弹,鼠类就以蛇为食,大量繁殖,以达到两类生物的平衡,故有"半年蛇吃鼠,半年鼠吃蛇"之说。

唯物辩证法认为,宇宙中的万事万物既作为个体事物存在,也作为普遍联系的事物而存在。任何事物都与它周围的事物相互联系,整个世界就是一个普遍联系的有机整体,没有任何一个事物是孤立存在的。

二、测绘实践中的联系

 议一议

请将下列几个词语通过周围的事物联系在一起：
① 铅笔　月饼　测量员　法院
② 水杯　火车　地形图　全站仪　控制点

1. 测绘法律的联系

测绘法律体系是以测绘法律和法规组成的测绘法律规范的总称，在法律形式上，是以测绘基本法《中华人民共和国测绘法》为统率，并由一系列与之相配套的单行法规构成。见图3-1。

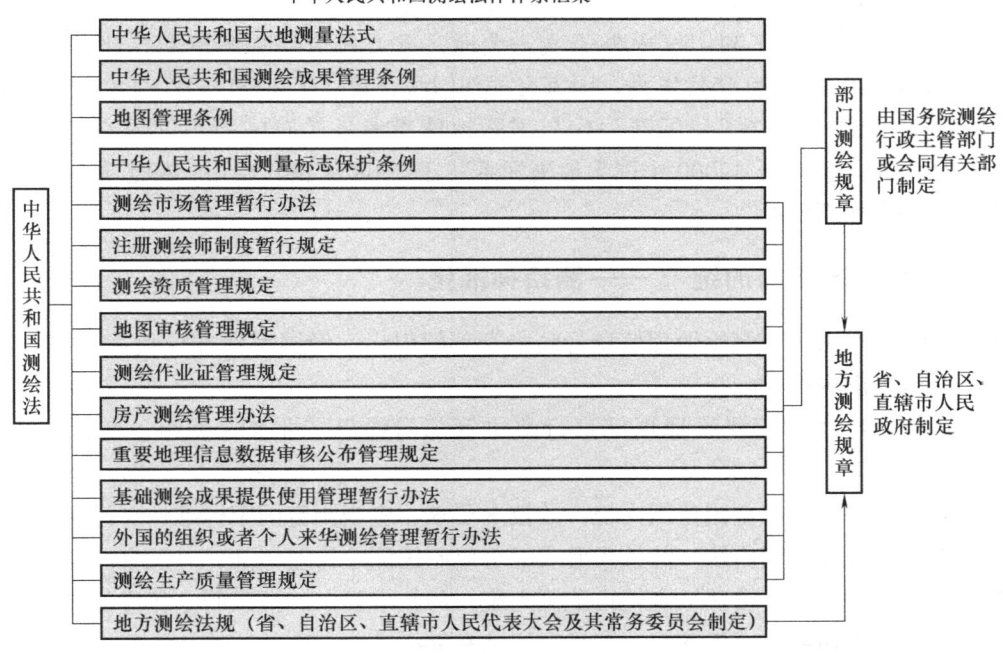

图 3-1

2. 测绘技术管理的联系

测绘基准是指一个国家为在其辖区内进行测绘工作所建立、确定的相应参数和起算依据，以及它们之间的数学和物理关系的标准。我国进行测绘的各类起算面和起算点及其相关参数，是整个测绘的起算依据和建立各个测绘系统的基础。我国设立和采用的测绘基准有大地基准、高程基准、深度基准和重力基准。测绘基准包括所选用的各种大地测量参数、统一的起算面、起算基准点、起算方位，以及地点、设施、名称。

测绘系统是指由各个测绘基准延伸，布设全国范围的各种测绘控制网。它们是我国各类测绘成果的依据。

测绘基准和测绘系统既相互联系，又互相区别。测绘基准在技术领域中具有纲领地位，是测绘系统起算的起始依据，测绘基准是更加精确的一个点或几个点。测绘系统是不能分割的一个整体，由多个点组成网形。

3. 国家大地基准的建立和 2000 中国大地坐标系的启用

国家大地基准包括平面大地基准、高程基准和重力网，是国家测量工作和地图测制工作的基础。1954年，我国军事测绘部门通过东部地区一等三角锁区域性平差，建立了新中国第一个统一的国家大地坐标系——"1954 北京坐标系"，为全面开展天文大地网布设工作和地形图测图工作提供了保障。1972~1982年，军事测绘部门在北京和西安经全国天文大地网整体平差，建立了"中华人民共和国大地原点"（"大地原点"亦称"大地基准点"，是国家水平控制网中推算大地坐标的起算点，地址位于陕西省泾阳县，距西安市36km）和"1980 西安坐标系"，并以此为基础全面更新了全国 1:50000 和 1:10000 比例尺地形图。军事测绘部门对"1980 西安坐标系"的椭球参数进行变换和平移，建立了"新 1954 北京坐标系"，并于 1978~1988 年利用国内外天文、大地、重力和卫星观测资料，建立了我国的"地心坐标系"。20 世纪 90 年代以来，国家有关部门联合建立了 2000 国家 GPS 大地控制网，2003 年通过联合处理建立了我国新一代与国际地球参考系接轨的高精度地心坐标系——"2000 中国大地坐标系"。"2000 中国大地坐标系"于 2008 年正式启用，标志着我国大地基准建设进入一个崭新阶段。

三、测绘技术要求的统一 ——测绘标准化

国家测绘标准由国家测绘地理信息行政主管部门提出，经国家标准行政主管部门批准、发布，在全国范围内执行。

行业测绘标准由国家测绘地理信息行政主管部门提出、批准并发布，在行业范围内执行。

测绘领域内，需要在全国范围内统一的技术要求，应当制定国家标准；对没有国家标准而又需要在测绘行业范围内统一的技术要求，可以制定测绘行业标准；对没有国家标准和行业标准而又需要在省、自治区、直辖市范围内统一的技术要求，可以制定相应的地方标准。

测绘标准化工作的主要任务有：①贯彻国家有关标准化工作的法律、法规，加强测绘标准化工作的统筹协调；②组织制定和实施测绘标准化工作的规划、计划；③建立和完善测绘标准体系；④加快测绘标准的制定、修订，并对标准的宣传、贯彻与实施进行指导和监督。

下列需要在全国范围内统一的技术要求，应当制定测绘国家标准：

1) 测绘术语、分类、模式、代号、代码、符号、图式、图例等技术要求。

2) 国家大地基准、高程基准、重力基准和深度基准的定义和技术参数，国家大地坐标系统、平面坐标系统、高程系统、地心坐标系统和重力测量系统的实现、更新和维护的仪器、方法、过程等方面的技术要求。

3) 国家基本比例尺地图、公众版地图及其测绘的方法、过程、质量、检验和管理等方

面的技术要求。

4）基础航空摄影的仪器、方法、过程、质量、检验和管理等方面的技术指标和技术要求，用于测绘的遥感卫星影像的质量、检验和管理等方面的技术要求。

5）基础地理信息数据生产及基础地理信息系统建设、更新与维护的方法、过程、质量、检验和管理等方面的技术要求。

6）测绘工作中需要统一的其他技术要求。

测绘技术标准要求中，下列情况应当制定强制性测绘标准或者强制性条款：

1）涉及国家安全、人身及财产安全的技术要求。

2）建立和维护测绘基准与系统必须遵守的技术要求。

3）国家基本比例尺地图测绘与更新必须遵守的技术要求。

4）基础地理信息标准数据的生产和认定。

5）测绘行业范围内必须统一的技术术语、符号、代码、生产与检验方法等。

6）需要控制的重要测绘成果质量技术要求。

7）国家法律、行政法规规定强制执行的内容及其技术要求。

测绘技术标准要求中，符合下列情形之一的，可以制定测绘标准化指导性技术文件：

1）技术尚在发展中，需要有相应的标准文件引导其发展或者具有标准化价值，尚不能制定为标准的。

2）采用国际标准化组织以及其他国际组织（包括区域性国际组织）技术报告的。

3）国家基础测绘项目及有关重大专项实施中，没有国家标准和行业标准而又需要统一的技术要求的。

案例 3-1

2010 年 11 月，福建省测绘行政主管部门接到举报，反映某勘察设计研究院承担完成的某经济开发区测绘项目存有质量问题。福建省测绘行政主管部门立即组织福建省测绘产品质量监督检验站对其项目进行检验。经检验，该勘察设计研究院承担完成的某经济开发区 13.3 平方公里 1:1000 地形图测绘项目，没有执行国家规定的测绘技术规范和标准，在首级控制、图根控制测量、地形图地理精度、图面整饰等方面都存在严重的质量问题，测绘成果质量综合判定为批不合格。该勘察设计研究院违反了《中华人民共和国测绘法》第五条、第三十四条关于测绘技术规范、标准和测绘成果质量的有关规定。

2010 年 12 月 10 日，福建省测绘行政主管部门依据《中华人民共和国测绘法》第四十八条关于测绘成果质量不合格的法律责任的有关规定，对该勘察设计研究院做出了责令重测、依法承担赔偿责任、停业整顿的处理。

（案例引自《国家测绘局通报 2010 年十大测绘违法典型案件》）

请查阅相关资料了解《中华人民共和国测绘法》第五条、第三十四条关于测绘技术规范、标准和测绘成果质量的有关规定，了解《中华人民共和国测绘法》第四十八条关于测绘成果质量不合格的法律责任的有关规定。

案例 3-2

2008 年 3 月，古蔺县某房地产测绘有限公司在进行某新建小区房屋面积测绘时，只在开发商提供的工程竣工图上对个别房屋进行复核后就出具了房产测绘成果报告。2009 年 6 月，在古蔺县建设主管部门责令其重新测绘后，该公司仍然没有按照技术规范测绘，仅在每个原有房屋面积上减少约 0.5m²。2010 年 12 月，四川省测绘产品质量监督检验站对古蔺县某房地产测绘有限公司出具的房产测绘成果报告进行了质量检验，检验结果为不合格。古蔺县某房地产测绘有限公司的行为，违反了《中华人民共和国测绘法》第三十四条关于测绘成果质量的有关规定，严重损害了购房者的合法权益，扰乱了测绘地理信息市场秩序，社会影响恶劣。

2011 年 6 月，四川省测绘行政主管部门依据《中华人民共和国测绘法》第四十八条关于测绘成果质量不合格法律责任的有关规定，对古蔺县某房地产测绘有限公司做出了吊销测绘资质证书的行政处罚。

（案例引自《关于 2011 年测绘地理信息违法典型案件的通报》）

请查阅相关资料了解《中华人民共和国测绘法》第三十四条关于测绘成果质量的有关规定，了解《中华人民共和国测绘法》第四十八条关于测绘成果质量不合格的法律责任的有关规定。

【知识链接】

《中华人民共和国测绘法》部分条文

第五条　从事测绘活动，应当使用国家规定的测绘基准和测绘系统，执行国家规定的测绘技术规范和标准。

第六条　国家鼓励测绘科学技术的创新和进步，采用先进的技术和设备，提高测绘水平。

对在测绘科学技术进步中做出重要贡献的单位和个人，按照国家有关规定给予奖励。

第三十三条　各级人民政府应当加强对编制、印刷、出版、展示、登载地图的管理，保证地图质量，维护国家主权、安全和利益。具体办法由国务院规定。

各级人民政府应当加强对国家版图意识的宣传教育，增强公民的国家版图意识。

第三十四条　测绘单位应当对其完成的测绘成果质量负责。县级以上人民政府测绘行政主管部门应当加强对测绘成果质量的监督管理。

第四十八条　违反本法规定，测绘成果质量不合格的，责令测绘单位补测或者重测；情节严重的，责令停业整顿，降低资质等级直至吊销测绘资质证书；给用户造成损失的，依法承担赔偿责任。

学习情境 4

依法使用测绘作业证

【学习目标】
1. 了解社会主义法治理念的内容。
2. 理解法律面前人人平等的含义。
3. 熟悉测绘作业证的管理规定。
4. 掌握测绘作业证的使用权限和法律责任。

一、依法治国

依法治国是党领导人民治理国家的基本方略,是依照体现人民意志和社会发展规律的法律治理国家,而不是依照个人意志、主张治理国家;要求国家的政治、经济运作、社会各方面的活动统统依照法律进行,而不受任何个人意志的干预、阻碍或破坏。简而言之,依法治国就是依照法律来治理国家,是中国共产党领导人民治理国家的基本方略,是发展社会主义市场经济的客观需要,也是社会文明进步的显著标志,还是国家长治久安的必要保障。依法治国,建设社会主义法治国家,是人民当家做主的根本保证。

 议一议

① 列举你所知道的法律名称。
② 如果违反了法律将会怎样?

二、法律面前人人平等

公民在守法上一律平等。所有公民都必须平等地遵守法律,平等地享有宪法和法律规定的权利,平等地履行宪法和法律规定的义务。

公民在适用法律上一律平等。任何公民的合法权益都平等地受到保护,任何公民的违法犯罪行为都会受到法律制裁。

坚持法律面前人人平等,可以为公民基本权利的实现奠定基础,可以为我国公民同特权现象做斗争提供法律武器,可以充分体现社会主义制度的优越性,对于建设社会主义法治国家具有重要意义。

三、养成遵纪守法的好习惯

1. 思想上高度认识遵纪守法的重要性

青少年要树立"以遵纪守法为荣,以违法乱纪为耻"的意识,把"一荣一耻"作为自己成为现代公民的基本原则,这是现代社会生活对每个人的道德要求,也是每个公民应尽的道德义务。

2. 把遵纪守法转化为自觉的实际行动

遵纪守法必须在日常生活和学习中,从细处入眼,防微杜渐;持之以恒,贯穿始终;从一点一滴做起,成为一个懂得自爱、勇于自省、善于自控的人。

四、依法测绘的重要性

测绘工作是国民经济和社会发展的一项前期性、基础性工作,通过提供与地理位置有关的各种综合性和专题性基础信息,广泛服务于经济建设、国防建设、科学研究、文化教育、行政管理、人民生活等领域,是社会主义现代化建设事业必不可少的一种重要保障手段,也是国民经济实现可持续发展的重要基础性工作。

《中华人民共和国测绘法》自实施以来,对于保障测绘事业顺利发展,促进测绘工作为国家经济建设、国防建设和社会发展服务,发挥了重要作用。我国对《中华人民共和国测绘法》进行了修改完善,特别是在加强测绘工作的统一监督管理、明确基础测绘的法律地位及基本制度、加强测绘市场管理、严格市场准入制度、加强地图管理、增强公民的国家版图意识、完善法律责任、加大对测绘违法行为的行政处罚等方面,取得了重大进展。

但随着信息时代的到来,人们对各类地理空间信息的需求急剧增加,尤其是诸如导航等的发展速度更是惊人,商业前景十分诱人,这使得一些公司和个人为获取高额利润不惜铤而走险。而我国的一些公民则为了眼前的经济利益,不顾法律的禁止,公开或暗中为境外机构、人员的非法测绘提供便利,充当向导等。一些境外机构也正是利用这一点,以提供资助、担保等为诱饵,指使我国有资格的人员、机构从专业部门购买、领取基础地理数据和测绘成果,然后转交给境外有关机构。这些违法测量行为都极大地危害了我国国家安全。

五、测绘人员工作时应依法使用测绘作业证

1) 测绘人员进行测绘活动时,应当持有测绘作业证件。
2) 任何单位和个人不得妨碍、阻挠测绘人员依法进行测绘活动。
3) 测绘人员的测绘作业证件的式样,由国务院测绘地理信息行政主管部门统一规定。
4) 测绘人员使用永久性测量标志,必须持有测绘作业证件,并保证测量标志的完好。

六、测绘作业证所具有的特征

1) 测绘作业证是测绘人员从事测绘活动的合法身份证明,需要具备一定的条件才能获

得(见图4-1)。一个测绘人员进行具体的测绘活动,需要相关单位和个人提供便利,并不得妨碍、阻挠依法进行的测绘活动。但并不是任何一个人进行测绘活动,相关单位或个人都要无条件提供便利。例如,有些进行测绘活动的单位不具备相应的测绘资质、从事测绘是法律禁止的等。这种情况下,相关单位为其提供便利条件就是错误的。所以,从事测绘活动必须持有测绘作业证,而测绘作业证是具备一定条件才能取得的。

图 4-1

2)测绘作业证为测绘人员提供权利保障,也有利于保护与测绘活动发生关系的单位和个人的合法权益。在实践中,测绘人员从事测绘活动经常受到不合理的、不合法的阻挠,有了测绘作业证,测绘活动的身份合法,从事活动受到法律保护,所以测绘作业证为测绘人员从事测绘活动提供了权利保障;同时测绘作业证也有利于保护与测绘活动发生关系的单位或个人的合法权益,如测绘人员在进入某一个机关大院进行测绘时,该单位就有权查验其测绘作业证件,对于具备测绘作业证的人员允许进行测绘,不具备的人员不允许进入单位测绘,避免损害本单位合法权益的问题发生。

3)从事测绘活动出示测绘作业证是测绘人员的义务,同时也可以防止非法测绘活动。从事测绘活动是测绘人员的法定权利,但是在测绘活动中向相关单位和个人出示测绘作业证件也是测绘人员的法定义务。当进入某一单位进行测绘时,必须出示测绘作业证,证明其合法身份,这是测绘人员的法定义务;对于不能提供测绘作业证的人员不允许进行测绘,这也是防止非法从事测绘活动的一个很好途径。

4)为持有测绘作业证件从事测绘活动的测绘人员提供便利是与测绘活动发生关系的单位和个人的义务。测绘人员进行测绘活动,必须就得到相关单位和个人的支持,如果得不到支持和配合,工作就难以开展。如果作业人员在出示测绘作业证后相关单位和人员不配合,由此造成不良后果,则相关单位或个人要承担相应的法律责任。

5)测绘作业证效力的有限性。测绘作业证是测绘人员身份的证明,为测绘人员进行测绘提供权利保障,但它的权利不是无限的。例如,进入保密单位、军事禁区和法律规定的区域进行测绘活动时,还要经有关部门批准,并持有相应的批准文件。

七、测绘作业证申请表

测绘作业证申请表的格式如表4-1和表4-2所示。

表 4-1　测绘作业证申请表（表一）

姓名		性别		出生日期		相片
职务		学历		专业		
职称		职称证件编号				
本人身份证号码						
工作单位						
单位地址						

工作简历：

申请人签名

　　　　　　　　　　　　　　　　　　　　　　　　　　　　年　月　日

申请单位意见：

　　　　　　　　　　　　　　　　　　　　　　　　　　　年　月　日（盖章）

市、州级测绘行政主管部门意见：

　　　　　　　　　　　　　　　　　　　　　　　　　　　年　月　日（盖章）

省级测绘行政主管部门意见：

　　　　　　　　　　　　　　　　　　　　　　　　　　　年　月　日（盖章）

发证编号		发证日期	年　月　日

注：1. 此表由申领单位如实填写，一式二份。

　　2. 交申请人员一寸彩色照片二张。

表 4-2　测绘作业证申请汇总表（表二）

申请单位				
地址			邮政编码	
联系人		电话		
申请领取测绘作业证人数	外业作业人员数			
	其他人员数			
	合计：			
单位意见	年　月　日（章）			
市（地）级测绘行政主管部门意见	年　月　日（章）			
省级测绘行政主管部门意见	年　月　日（章）			
备注				

注：1. 此表由申请领证单位填写。
　　2. 此表只对本次申请情况进行汇总。

八、测绘作业证的使用

测绘人员在下列情况下应当主动出示测绘作业证：
1）进入机关、企业、住宅小区、耕地或者其他地块进行测绘时。
2）使用测量标志时。
3）接受测绘行政主管部门的执法监督检查时。
4）办理与所进行的测绘活动相关的其他事项时。

进入保密单位、军事禁区和法律法规规定的需经特殊审批的区域进行测绘活动时，还应当按照规定持有关部门的批准文件。

测绘人员必须依法使用测绘作业证，不得利用测绘作业证从事与其测绘工作身份无关的活动。

测绘人员对测绘作业证应当妥善保存,防止遗失,不得损毁,不得涂改。测绘作业证只限持证人本人使用,不得转借他人。

测绘人员遗失测绘作业证,应当立即向本单位报告并说明情况。所在单位应当及时向发证机关书面报告情况。

九、测绘人员的法律责任

测绘人员有下列行为之一的,由所在单位收回其测绘作业证并及时交回发证机关,对情节严重者依法给予行政处分;构成犯罪的,依法追究刑事责任:

1)将测绘作业证转借他人的。
2)擅自涂改测绘作业证的。
3)利用测绘作业证严重违反工作纪律、职业道德或损害国家、集体或他人利益的。
4)利用测绘作业证进行欺诈及其他违法活动的。

案例 4-1

2014年6月,某省测绘院的工作人员在进行野外测绘工作时,因未及时出示测绘工作证明被当地居民怀疑有作案嫌疑,随后被该镇派出所的4名联防队员带回派出所并进行询问。虽然作业人员一再解释说明测绘工作的性质,但因无有效证明,还是被关押3个多小时。幸好同单位工作人员及时赶到,澄清和证明了测绘人员的身份和工作性质,他们才得以脱身。

案例 4-2

2015年8月,某测绘队在进行土地确权作业时,因未与当地农民做好沟通工作便进入耕地测绘,后双方发生冲突,造成3人轻伤,4人重伤,还严重影响确权工作的进度。后经当地政府干预,才赔偿了受伤测绘人员的医疗费。

上述案例都是测绘作业人员轻视测绘作业证的存在,没有携带测绘作业证进行野外作业无法证明自身身份和行为而造成的。按照《中华人民共和国测绘法》第二十六条和《测绘作业证管理规定》第七条的规定,测绘人员进行测绘活动时,应当持有测绘作业证件。这是法律对测绘从业人员设置的一项义务,也就是说凡不能出示有效测绘作业证件的,所进行的测绘活动有可能无法得到相关单位和个人的配合。凡在施测时已出示有效测绘作业证件的,所进行的测绘活动受法律保护,施测人员有权要求有关单位和个人提供便利,有关单位和个人对所进行的测绘活动应予以配合。

测绘人员的外业工作高度分散,流动性大,需要接触的单位和个人众多,因此测绘活动涉及的单位和个人应当支持和协助,而不得无理阻挠,给合法的测绘活动设置障碍。因此,《中华人民共和国测绘法》要求任何单位和个人不得妨碍、阻挠测绘人员依法进行测绘活动。这点就是为了保障合法的测绘活动顺利进行，保护测绘人员野外测绘的合法权利。

请查阅相关资料了解《中华人民共和国测绘法》第二十六条和《测绘作业证管理规定》第七条关于测绘人员进行测绘活动时，应当持有测绘作业证件的有关规定。

【知识链接】

《中华人民共和国测绘法》部分条文

第二十五条　从事测绘活动的专业技术人员应当具备相应的执业资格条件，具体办法由国务院测绘行政主管部门会同国务院人事行政主管部门规定。

第二十六条　测绘人员进行测绘活动时，应当持有测绘作业证件。

任何单位和个人不得妨碍、阻挠测绘人员依法进行测绘活动。

第二十七条　测绘单位的资质证书、测绘专业技术人员的执业证书和测绘人员的测绘作业证件的式样，由国务院测绘行政主管部门统一规定。

《测绘作业证管理规定》部分条文

第六条　领证单位必须如实反映领证人员情况，严格执行领证规定，不得弄虚作假、虚报冒领，并对领证人员的真实情况负责。

第七条　测绘人员在下列情况下应当主动出示测绘作业证：

（一）进入机关、企业、住宅小区、耕地或者其他地块进行测绘时；

（二）使用测量标志时；

（三）接受测绘行政主管部门的执法监督检查时；

（四）办理与所进行的测绘活动相关的其他事项时。

进入保密单位、军事禁区和法律法规规定的需经特殊审批的区域进行测绘活动时，还应当按照规定持有关部门的批准文件。

第八条　各有关部门、单位和个人，对依法进行外业测绘活动的测绘人员应当提供测绘工作便利并给予必要的协助。

任何单位和个人不得阻挠和妨碍测绘人员依法进行的测绘活动。

学习情境 5

测绘安全生产管理

【学习目标】
1. 理解安全生产管理的重要意义。
2. 了解测绘生产作业人员安全管理的要求。
3. 了解测绘仪器设备安全管理的要求。
4. 了解测绘数据安全管理的要求。
5. 掌握测绘工作事故应急处理。

一、安全生产管理的意义

在生产经营活动中,人们为了避免造成人员伤害和财产损失的事故而采取相应的事故预防和控制措施,使生产过程在符合规定的条件下进行,以保证从业人员的人身安全与健康,设备和设施免受损坏,环境免遭破坏,从而保证生产经营活动得以顺利进行。

《中华人民共和国安全生产法》确定了"安全第一、预防为主、综合治理"的安全生产管理基本方针。

目前我国安全生产监督管理的体制是综合监管与行业监管相结合、国家监察与地方监管相结合、政府监督与其他监督相结合的格局。

监督管理坚持"有法必依、执法必严、违法必究"的原则,坚持"以事实为依据,以法律为准绳"的原则,坚持预防为主的原则,坚持行为监察与技术监察相结合的原则,坚持监察与服务相结合的原则,坚持教育与惩罚相结合的原则。

安全生产是关系到国家和人民群众生命财产安全和人民群众切身利益的大事,安全生产管理最根本的目的是保护人民的生命和健康,安全生产是对企业最根本的要求,安全管理是每个管理人员必须遵守的行为准则,这也是安全生产管理的重要内容。

二、测绘生产作业人员安全管理

在工程开始施工前,首先通过测量把施工图上的建筑物在实地进行放样定位以及测定控制高程,为下一步的施工提供基准。这一步工作非常重要,测量精度要求非常高,关系整个工程质量的成败。假如在这一环节出现了差错,将会造成重大质量事故,带来的经济损失是无法估量的。在施工行业里也发生过类似的工程质量事故:图样上建筑物的正北方向变成了正南方向,事故的处理结果是把已经建好的房子重新砸掉,再从零开始。可见建筑物的定位测量是多么重要。工程测量与工程施工质量之间存在必然的联系，测量工作在施工质量管理过程的每个环节都起到了非常重要的作用。

为贯彻落实国家安全生产方针，保障职工在测绘生产中的安全和健康，务必遵守安全生产管理的要求（见图5-1）。

（一）外业生产

各项目经理应加强日常用电、行车、餐饮及燃气设备等的管理和监督检查，及时发现并消除一切不安全因素，防止火灾、人身伤亡、食物中毒等事故发生。宿舍内严禁使用大功率耗电设备，严禁私拉乱接用电线路，外来人员未经批准，严禁借宿。对于外业使用的测量仪器设备，应明确专人负责和保管，严防私自外借、破坏或丢失。外业测绘员工应加强自我防范意识，离开宿舍时，应关好门窗和切断电源，防止私有或公用财物丢失或引起火灾。使用煤火、煤气要开窗、通风，防止煤气中毒。炊事员要做到讲究卫生，食品防腐、防投毒、防病菌，防止动物病菌传播毒源，不购买腐烂及不新鲜食物，生熟要隔离。作业员要严格遵守组织纪律，不得在旅途和驻地参与赌博活动。业余时间不得单独外出，禁止擅自下河、湖洗澡。在进入

图 5-1

测区前，要充分了解当地防疫状况，尤其是针对特殊区域的地方病，要做好防疫知识的学习，配备必需的药品，预防疾病的传播。在高海拔地区作业，要对不良身体反应高度重视，一旦发现由不适引起的并发症状，应立即接受治疗。

1. 外业环境一般要求

1）在沙漠、戈壁和高原等人员稀少、条件恶劣地区应采用双车作业，双备胎。

2）进入沙漠、戈壁、沼泽、高山、高寒等人烟稀少地区或原始森林地区，应配备必要的通信器材、判定方位的工具。

3）遇雷电天气应停止作业，选择安全地点躲避。

4）在高压输电线路、电网等区域作业时，应防止触电。

5）外业测绘严禁单人夜间活动。

2. 城镇地区

在人、车流量大的街道作业，必须穿色彩醒目的带安全警示反光的马夹，设置安全警示标志牌（墩），必要时安排专人担任安全警戒员。迁站时要撤除安全警示牌，仪器纵向肩扛行进。

3. 铁路、公路区域

必须穿色彩醒目的带安全警示反光的马夹；禁止使用铝合金标尺、镜杆，防止触电；在桥梁和隧道附近及公路弯道和视线不清的地点，事先设置安全警示标志牌（墩），必要时安排专人担任安全指挥。

4. 地下管线

1）无向导协助，禁止进入情况不明的地下管道作业。必须佩戴防护帽、安全灯，穿安全警示工作服，配备通信设备并确保与地面人员通信畅通。在城区或道路作业时，在管道口设置安全隔离标志牌（墩），安排专人担任安全警戒员。打开盖的窨井口要设警示栏，专人看管，夜间设置安全警示灯，完工后清点人数确保井下无人，盖好井盖。

2）对大规模的管道，下井要严禁明火，进行有害、有毒、可燃气体浓度测定，浓度超标时应打开连续的3个井盖排气通风半小时以上，确认安全并采取保护措施后方可下井作业。

3）禁止选择输送易燃、易爆气体管道作为直接法、充电法作业的充电点，有易燃、易爆隐患时应使用具备防爆性能的测距仪、陀螺经纬仪和电池等设备。

4）雷电天气禁止使用大功率仪器设备作业。井下作业的所有电气设备外壳都要接地。

5. 水上

1）作业人员应该穿救生衣，避免单人上船作业。

2）船上配有救生圈、绳索、竹竿等安全防护救生设备，有必要的通信设备。

3）风浪太大时不能强行作业。

4）海岛、海边作业要注意涨落潮时间。

6. 涉水渡河

1）事先观察河道宽度，探明水深、流速、水温及河床砂石情况，了解上游水库、电站放水情况。

2）水深≤0.6m、流速≤3m/s，或流速虽较大但水深≤0.4m，允许徒涉。水深过腰，流速>4m/s，应采取措施涉水过河，禁止独自一人涉水过河。

3）过轻便悬桥、独木桥时要检查木质是否腐朽。可用时逐人通过，必要时架防护绳。

4）暴雨后要特别注意山洪到来。

5）禁止在无安全防护保障的条件下和河水暴涨时渡河。

7. 高原高寒地区

1）进入高海拔区域前要进行气候适应性训练。严禁单人夜间行动。雾天停止作业。

2）配备防寒装备和充足给养，配置氧气袋（罐）、高原反应防治专用药品，注意防治感冒、冻伤、紫外线灼伤。

3）在冰川、雪山上戴雪镜，穿色彩醒目的防寒服。

4）无路时选择缓坡迂回行进，遇到悬崖、绝壁、滑坡、崩陷、雪深或易发生雪崩等危险地带要绕行。

8. 高空

1）患有心脏病、高血压、癫痫、眩晕、深度近视的人员禁止从事高空作业。

2）现场作业人员佩戴安全防护带、防护帽，不得赤脚。安全防护带要高挂低用，不能打结。

3）返回地面时严禁滑下、跳下。避免在高楼的楼顶边缘作业。

4）传递仪器工具严禁抛投。

5）在行人通过的道路或居民地附近造、修、拆标时，必须围好现场，悬挂"危险"标志，作业场地半径不得小于15m。

9. 沙漠、戈壁地区

1）配备容水器、绳索、地图、导航定位仪、风镜、药品、色彩醒目的工作服、睡袋。

2）在距水源较远的地区作业应制订供水计划，必要时分段设供水站。

3）注意天气变化，防止沙漠寒潮和沙暴。

10. 人烟稀少地区或草原、林区

1）着装要扎紧领口、袖口、衣摆和裤脚，防止蛇、虫叮咬。

2）配备防止蛇、虫叮咬的面罩及药品，注射森林脑炎疫苗。

3）夜间外出要两人以上同行，详细报告去向，携带充足的照明和通信器材。

4）宿营地设置灯光引导标志。

11. 少数民族地区

1）事先征得有关部门同意，主动与当地测管部门、公安部门沟通，了解当地民情、社会治安，尊重当地的风俗习惯。

2）在野外宿营要有专人值勤。

（二）内业生产

创造安全、舒适的内业工作环境，是保障内业工作顺利进行的重要条件。测绘作业单位应组织内业生产人员，分析、评估内业生产环境的安全情况，制定生产安全细则，确保安全生产。

1. 作业场所要求

1）照明、噪声、辐射等环境条件应符合作业要求。

2）计算机等生产仪器设备的放置，应有利于减少放射线对作业人员的危害。各种设备与建（构）筑物之间，应留有满足生产、检修需要的安全距离。

3）作业场所中不得随意拉高电线，防止电线、电源漏电。通风、空调、照明等用电设施要有专人管理、检修。

4）面积大于 $100m^2$ 的作业场所的安全出口不少于两个。安全出口、通道、楼梯等应保持畅通并设有明显标志和应急照明设施。

5）作业场所应按《中华人民共和国消防法》规定配备灭火器具，小于 $40m^2$ 的重点防火区域，如资料、档案、设备库房等，也应配置灭火器具。应定期进行消防设施和安全装置的有效期和能否正常使用检查，保证安全有效。

6）作业场所应配置必要的安全（警告）标志，如配电箱（柜）标志、资料重地严禁烟火标志、严禁吸烟标志、紧急疏散示意图、上下楼梯警告线以及玻璃隔断提醒标志等，且保证标志完好清晰。

7）禁止在作业场所吸烟以及使用明火取暖，禁止超负荷用电。使用电器取暖或烧水，不用时要切断电源。

8）严禁携带易燃易爆物品进入作业场所。

2. 作业人员安全操作

1）仪器设备的安装、检修和使用，须符合安全要求。凡对人体可能构成伤害的危险部位，都要设置安全防护装置。所有用电动力设备，必须按照规定埋设并接地网，保持接地良好。

2）仪器设备须有专人管理，并进行定期的检查、维护和保养，禁止仪器设备带故障运行。

3）作业人员应熟悉操作规程，必须严格按有关规程进行操作。作业前要认真检查所操作的仪器设备是否处于安全状态。

4）禁止用湿手拉合电闸或开关电源按钮。饮水时，应远离仪器设备，防止泼洒造成电路短路。

5）擦拭、检修仪器设备应首先断开电源，并在电闸处挂置明显警示标志。修理仪器设备，一般不准带电作业，由于特殊情况而不能切断电源时，必须采取可靠的安全措施，并且须有两名电工现场作业。

6）因故停电时，凡用电的仪器设备，应立即断开电源。

7）汽油、煤油等挥发性易燃物质不得存放在作业室、车间及办公室内。洒过易燃油料的地方要及时处理。油料着火应用细砂、泥土熄灭，不可向油上浇水。

三、仪器设备安全管理

测绘仪器基本上是光学仪器、电子仪器和光、机、电、算相结合的仪器。测绘仪器在运输、储存和使用过程中，受外界因素的影响，有可能出现光学部件长霉起雾，电子部件受潮长霉，以及金属部件生锈、磨损等现象而造成部件损坏，影响仪器正常使用，甚至酿成事故，以致仪器损坏报废。所以，加强仪器设备的安全管理是测绘事业科学发展的需要，正确使用、科学保养仪器是保障测量成果质量、提高工作效率、延长仪器使用年限的重要条件。

1. 仪器设备的管理制度

1）根据单位仪器设备情况，专设仪器管理员（或组），负责仪器设备的保管、维护、检校和一般鉴定、修理。

2）仪器设备必须建立技术档案，其内容包括仪器规格、性能、附件、精度鉴定、损伤记录、修理记录及移交验收记录等。

3）仪器设备的借用、转借、调拨、大修、报废等应有一定的审批手续。

4）外业队使用的仪器设备，必须由专人管理、使用。作业队的负责人，应经常了解仪器设备的维护、保养、使用等情况，及时解决有关问题。

5）仪器入出库必须有严格的检查和登记制度。

2. 对仪器库房的基本要求

1）测量仪器库房应是耐火建筑。

2）库房内的温度不能有剧烈变化，最好保持室温在 $12 \sim 16°C$。

3）库房应有消防设备，但不能用一般酸碱灭火瓶，宜用液态 CO_2 或 CCl_4 及新的消防瓶。

3. 测绘仪器的三防措施

生霉、生雾、生锈是测绘仪器的"三害",直接影响测绘仪器的质量和使用寿命,影响观测使用。因此,须按不同仪器的性能要求,采取必要的防霉、防雾、防锈措施,确保仪器处于良好状态。

1)防霉。外业仪器一般 6 个月(湿热季节或湿热地区 1~3 个月)进行外表擦拭;内业仪器一般 1 年(湿热季节或湿热地区 6 个月)对未密封部分全面擦拭;停用的电子仪器每周至少通电 1h。

2)防雾。干棉球擦拭除潮,勿将手心对准光学零件表面。外业仪器一般 6 个月(湿热季节或湿热地区 3 个月)进行外表擦拭;内业仪器一般 1 年(湿热季节或湿热地区 3~6 个月)对外表全面擦拭,电吹风烘烤时温度升高≤60℃。

3)防锈。外业仪器一般 6 个月(湿热季节或湿热地区 1~3 个月)更换外表的润滑防锈油脂;内业仪器则一般 1 年(湿热季节或湿热地区 6 个月)更换一次。发现锈蚀须立即除锈。

4. 仪器的安全运送

1)长途搬运仪器时,应将仪器装入专门的运输箱内。若无防振运输箱,而又须运输较精密的仪器时,可特制套箱,再把装有仪器的箱子装入特制套箱内,仪器箱与套箱内包面之间的空隙处可用刨花或纸片等紧紧填实。

2)短途搬运仪器时,一般仪器可不装入运输箱内,但一定要专人护送。对特别怕振的仪器设备,必须装入仪器箱内。不论长短距运送仪器,均要防止日晒雨淋,放置仪器设备的地方要安全妥当,并应清洁和干燥。

5. 仪器在作业过程中的使用维护

1)仪器开箱前,应将仪器箱平放在地上,严禁手提或怀抱着仪器开箱,以免仪器在开箱时落地损坏。开箱后应注意看清楚仪器在箱中安放的状态,以便在用完后按原样入箱。仪器在箱中取出前,应松开各制动螺旋,提取仪器时,要用手托住仪器的基座,另一只手握持支架,将仪器轻轻取出,严禁用手提望远镜和横轴。仪器及所用部件取出后,应及时合上箱盖,以免灰尘进入箱内。仪器箱放在测站附近,箱上不许坐人。

作业完毕后,应首先将所有微动螺旋退回到正常位置,并用擦镜纸或软毛刷除去仪器上表面的灰尘,然后卸下仪器双手托持,按出箱时的位置放入原箱。盖箱前应将各制动螺旋轻轻旋紧,检查附件齐全后可轻合箱盖,箱盖吻合方可上盖,不可强力施压以免损坏仪器。

2)架设仪器时,先将三脚架架稳并大致对中,然后放上仪器,并立即拧紧中心连接螺旋。

3)对仪器要小心轻放,避免强烈的冲击振动,安置仪器前应检查三脚架的牢固性,作业过程中仪器要随时有人防护,以免造成重大损失。

4)仪器在搬站时,可视搬站的远近、道路情况以及周围环境等决定仪器是否要装箱。搬站时,应把仪器的所有制动螺旋略微拧紧,但不要拧得太紧,目的是仪器万一受到碰撞时,还有转动的余地,以免仪器受伤。搬运过程中仪器脚架必须竖直拿稳,不得横扛在肩上。

5）在野外使用仪器时，必须用伞遮住太阳。仪器望远镜的物镜和目镜的表面不能让太阳照射，也要避免灰、沙和雨水的侵袭。

6）仪器任何部分若发生故障，不应勉强继续使用，要立即检修，否则将会使仪器损坏加剧。

7）没有必要时，不要轻易拆开仪器，仪器拆卸次数太多会影响其测量精度。

8）光学元件应保持清洁，如沾染灰尘，必须用毛刷或柔软的擦镜纸清除，禁止用手指抚摸仪器的任何光学元件表面。

9）在潮湿环境中作业结束后，要用软布擦干仪器表面的水分或灰尘后才能装箱。回到驻地后立即开箱取出仪器放置干燥处，彻底晾干后才能装入仪器箱箱内。

10）在连接外部所有仪器设备时，应注意相对应的接口、电极连接是否正确，确认无误后方可开启主机和外围设备。拔插接线时不要抓住线就往外拔，应握住接头顺方向拔插，也不要边摇晃插头边拔插，以免损坏接头。数据传输线、GPS（监控器）天线等在收线时不要弯折，应盘成圈收藏，以免各类连接线被折断而影响工作。

四、地理信息数据安全管理

地理信息数据是用来表示与空间地理分布有关信息的数据，它是地表物体和环境固有的数据、质量、分布特征，联系和规律性的数字、文字、图形、图像的总称。

1. 影响地理信息数据安全的主要因素

1）安全意识淡薄。我国有很多人并未认识到地理信息在国家安全中的重要地位，地理信息的国家安全观比较淡化。

2）测绘技术上的落后。这使我们不得不在进行一些高精测绘工作时与国外一些拥有先进技术的公司合作。

3）硬盘驱动器损坏。一个硬盘驱动器的物理损坏意味着数据的丢失。设备的运行损耗、存储介质失效、运行环境以及人为的破坏等，都能对硬盘驱动器设备造成影响。

4）人为错误。由于操作失误，使用者可能会误删系统的重要文件，或者修改影响系统运行的参数，以及没有按照规定要求或操作不当而导致系统宕机。

5）黑客入侵。入侵者通过网络远程入侵系统，侵入形式包括很多，如系统漏洞、管理不力等。

6）病毒。近年来，由于感染计算机病毒而破坏计算机系统，造成的重大经济损失屡屡发生，计算机病毒的复制能力强、感染性强，特别是在网络环境下，传播性更强。

7）信息窃取。入侵者从计算机上复制信息或将存储设备、介质偷走。

8）自然灾害。雷击、暴风雨等造成系统的崩盘、瘫痪。

9）电源故障。电源供给系统故障，一个瞬间过载电功率会损坏在硬盘或存储设备上的数据。

10）磁干扰。磁干扰是指重要的数据接触到有磁性的物质，会造成计算机数据被破坏。

2. 使用许可

1）使用国家基础地理信息数据的部门、单位和个人（以下简称使用单位），必须得到使用许可，并签订国家基础地理信息数据使用许可协议（以下简称使用许可协议）。使用许可协议是非独占和不可转让的。使用许可协议文本由国务院测绘地理信息行政主管部门负责制定。

2）使用许可协议分为甲、乙、丙三类。甲类使用许可协议适用于中央、国家机关、省级政府等用于宏观决策和社会公益事业。乙类使用许可协议适用于非企业单位、个人以教学或者科学研究、规划管理等目的在本单位内部或者个人使用，或者将研究成果向中央国家机关、省级政府等部门提供用于宏观决策和社会公益事业。丙类使用许可协议适用于企业单位，或者非企业单位用于商业目的、盈利或者直接为建设工程项目服务。其他类型的使用许可协议由国务院测绘行政主管部门制定。

3）适用甲类使用许可协议的，无偿使用国家基础地理信息数据；适用乙类使用许可协议的，有偿使用国家基础地理信息数据，给予价格优惠；适用丙类使用许可协议的，有偿使用国家基础地理信息数据。有偿使用是指收取国家基础地理信息数据的部分成本费用。各类使用许可协议的单位均应支付提供数据中所实际发生的介质费、人工费和其他费用等工本费。

4）使用单位拥有使用许可协议规定范围内的国家基础地理信息数据和规定权限的使用权。使用单位根据使用需要，可以对国家基础地理信息数据做部分修改或者对数据的格式进行转换，但未经许可，不得以任何形式将修改、转换后的数据对外发布和提供。

5）使用单位在使用国家基础地理信息数据时，必须明显标示数据的版权所有者。国家基础地理信息数据的版权归属不因数据部分修改或者格式改变而改变，使用格式改变的国家基础地理信息数据或者使用基于国家基础地理信息数据形成的衍生品以及国家基础地理信息数据的备份和复制品，必须明显标示原数据的版权所有者。

6）使用单位应当确保国家基础地理信息数据的安全，防止数据丢失或者被盗；若发生数据丢失或者被盗，应当及时向提供单位报告；造成后果的，应当承担责任。

7）使用单位应当按照提供单位提供国家基础地理信息数据的密级，依照国家规定进行管理并采取相应的保密措施。

8）当使用单位的身份变更或者使用单位对数据使用用途改变时，应当向原数据提供单位提出申请，重新签订使用许可协议。

9）香港特别行政区、澳门特别行政区的公民、法人和其他组织需要使用国家基础地理信息数据的，向省级以上测绘主管部门提出申请，按国家有关规定进行审批（台湾地区的公民、法人和其他组织需要使用国家基础地理信息数据的，参照此规定办理）。

10）涉外使用国家基础地理信息数据的部门、单位和个人，按照国家有关规定办理审批手续。

3. 异地存储

1）归档地备份数据档案应异地存储。

2）异地存储距离>100km，最好>500km。

3）数据入馆60天内完成异地存储。

4）取回的异地存储数据60天内重新完成异地存储。

5）异地存储数据的读检工作原则上在存储地进行。

6）异地存储所在地单位负责异地数据档案的安全、保密、环境等。

7）异地存储的数据档案所有权属于原数据档案管理单位，无授权不得擅自复制、提供利用。

4. 介质维护

1）每年读检不低于5%的数据档案。

2）当年读取、查询过的，当年可不进行倒带、读检。

3）归档的数据档案介质不得外借，只能提供复制介质。

5. 数据维护

1）出现介质故障或损坏迹象时应更换介质，更新拷贝30天内完成。

2）累计读写错误达到10次时，停止使用该介质，将数据复制到新的介质。

3）线形磁带每10年迁移一次，光盘每5年迁移一次。

4）数据档案进行新格式拷贝后，原数据档案应保存3年。

6. 保密措施

1）建立保密制度。国家秘密的密级分为绝密、机密、秘密三级。

2）配备保密人员。保密人员分为核心涉密人员、重要涉密人员和一般涉密人员。

3）禁止将涉密计算机、存储介质等涉密载体作为废品出售、处理。

4）不得使用无安全保密的设备处理、传输、存储涉密测绘成果。

5）申请使用涉密测绘成果，按管理权限报成果所在地的县级以上测绘地理信息行政主管部门审批。

6）经审批获得的涉密测绘成果用于其他目的的，应另行报批。

7）涉密测绘成果及其衍生品未经省级以上测绘地理信息行政主管部门进行保密技术处理的，不得公开使用，严禁在公共信息网络登载发布使用。

8）涉及对外提供我国涉密测绘成果的，要报省级以上测绘地理信息行政主管部门审批。

9）外国的组织或个人经批准在我国从事测绘活动产生的成果归中方部门、单位所有；未经国务院测绘地理信息行政主管部门批准，不得对外提供或携带传输出境。

10）严禁未经批准擅自对外提供涉密测绘成果。

五、应急处理

应急处理包括事故报告、预案启动、事故救援、事故善后。

应急处理的原则是最大限度地减少人员伤亡、经济损失。

事故报告——第一时间。

预案启动——符合安全事故标准时。

事故救援——统一指挥、分工负责、以人为本、损失最小。

事故善后——理赔安抚、事故调查。

1）人员受困。收缩队伍，现场自救，靠拢路边，逐级上报。

2）人员失踪。收缩队伍，联系并寻迹搜寻，逐级上报，向当地政府、武警部队求援。

3）泄密事故。涉密成果资料或数据载体遗失后，应立即寻找；确认被盗后报警并保护现场；向上级报告情况；事关机密、绝密时，经单位同意后向当地保密部门和国家安全部门报案。

案例 5-1

2013 年 12 月 29 日中午 11 时许，北京市公安局接到报警：首都机场以东空域有一不明飞行物正在飞行，严重干扰机场航班秩序。据报道，当时该不明飞行物飞行高度约 700m，速度达 100km/h 以上。接到报警后，警方迅速会同相关部门，派出直升机将该不明飞行物拦截，发现该物体为一架经航模改装的无人机，事发时是北京某公司员工遥控开展测绘作业。经查，此次飞行活动没有履行报批程序申请空域，致使首都机场十余班次飞机延迟起飞，两班次实施空中避让。在这起无人机测绘的违法案件中，该公司并未遵循法律规定，在未经报批、申请空域的情况下，擅自进行航测，严重影响了机场的正常运营，后果是四名员工因涉嫌以危险方法危害公共安全罪被刑事拘留。

（案例引自《遥控无人机闯首都机场空域》）

案例 5-2

2014 年，某公司监管的西南地区枢纽某联络线工程，由中铁某局负责线下工程施工。该局管段长度 4.4km，有大、中、小桥共七座，其中四座位于半径 600~800m 的曲线上。

工程进入铺架阶段后，铺架施工单位从小里程向大里程方向铺轨至第一座曲线桥时，发现梁位不正。

停工复查发现，四座曲线桥的线路中心与墩位中心重合，未按设计从线路中心向曲线外侧设置偏心距，其中四台七墩误差超限，最大偏差达 420mm。

事发后，成立了由工程监督总站负责人任组长，监察局、鉴定中心、工管中心及有关单位人员以及专家为成员的工程质量事故调查组。经调查，认定这是一起工程测量事故。经事故调查组同意，由线下工程施工单位按委托原设计单位对误差超限的墩台重新进行检算并编制的加固设计文件，分别采取了基础加宽、桥墩穿裙子（20cm 厚钢筋混凝土）的加强措施。

事故责任相关各方商定，事故直接损失为：由线下工程施工单位支付的设计鉴定费、工程加固费、预制梁存放场地费、铺架单位人员窝工损失费，按照当时价格合计 100 多万元（根据《铁路建设工程质量事故调查处理规定》（铁建设〔2009〕171 号），直接经济损失 100 万元及以上，500 万元以下属工程质量较大事故）；铺架施工单位自行承担的架桥机、铺轨车、道砟运输车设备租赁（闲置）费；监理单位自行承担的相应监理费用。事故间接损失为工程延期交工 45 天；监理单位企业信誉遭受重大损失，按照现行《铁路建设工程质量安全事故与招投标挂钩办法》（建建〔2009〕273 号）的规定，将根据情节取消监理企业

1个月及以上投标资格。

线下工程施工单位是一家以建筑工程为主业的工程处,技术主管和测量人员第一次从事铁路曲线桥施工,不了解设计预偏心的意义,按设计线路中线定出墩位中线,导致此次测量事故,线下工程施工单位应负主要责任。

铺架施工单位在收到施工单位竣工测量成果后,应独立进行线路贯通测量,检查基桩的设计位置及数量、中线和高程测量精度,铺架施工单位在架梁前未发现测量问题导致其窝工损失,应承担重要责任。

(案例引自《铁路工程测量事故案例》)

【知识链接】

测绘安全生产管理暂行规定

第一章 总则

第一条 为加强安全生产管理,保障测绘职工在生产、经营活动中的安全和健康,促进测绘事业发展,根据国家有关安全生产的方针、政策和法规,结合测绘系统的实际情况,特制定本规定。

第二条 测绘系统各单位必须认真贯彻"安全第一,预防为主"的方针,落实以安全生产责任制为核心的各项安全生产管理制度,正确处理安全与生产、安全与效益的关系,提高安全生产管理水平。

第二章 机构及人员

第三条 安全生产机构设置及人员配备:

(一)省、自治区、直辖市测绘管理部门设置安全生产委员会,由人事劳资、生产、计划、财务、物资、保卫、工会等部门人员共同组成。委员会主任由分管安全生产工作的领导担任。办事机构一般设在人事劳资部门,并指定专人担任安全生产检查员。

(二)队(院)相应设置安全生产委员会及其办事机构,并配备安全生产检查员。

(三)中队(室)的安全生产工作由中队长(主任)负责,并配备兼职的安全生产管理人员。

(四)小组(班)的安全生产工作由组(班)长负责,并配备不脱产的安全员。

第四条 测绘系统内其他单位结合本单位实际情况设置和配备相应的机构和人员。

第三章 安全生产责任制

第五条 建立健全安全生产责任制,明确各级领导、安全生产委员会和安全生产检查、管理人员的职责,是搞好安全生产管理工作的重要保证。

第六条 各级行政主要领导对安全生产负全面领导责任,分管安全生产工作的领导负主要领导责任,分管其他方面工作的领导在其分管工作中涉及安全生产工作的,负相应的安全生产责任,生产作业现场的直接指挥者负直接领导责任,生产作业人员对安全生产负直接责任。

第七条 各级领导要坚持生产与安全并重的原则,在计划、布置、检查、总结、评比生产的同时,必须计划、布置、检查、总结、评比安全工作。签订各项经济承包合同时,要明确安全责任和目标,提出实现目标的具体措施。

第八条 省、自治区、直辖市测绘管理部门安全生产委员会的职责是:

(一)贯彻落实国家、部门及地方政府有关安全生产、劳动保护方面的法规、制度和规程。结合生产实际研究制定安全生产制度,并检查执行情况。

(二)制定安全生产管理工作的规划以及年度计划并组织落实。

(三)组织建立安全生产责任制,并监督落实。

(四)组织开展安全生产的定期或不定期检查,协调处理跨单位的事故隐患。对存在事故隐患的单位,发出《事故隐患整改意见书》,令其限期整改。

(五)总结和推广安全生产的先进经验,表彰、奖励安全生产先进单位及个人,批评忽视安全生产的行为,以及惩处由此而造成事故的单位和责任者。

(六)组织开展安全生产的教育和宣传活动,增强广大职工安全意识。

(七)督促所属单位按规定配发职工劳动防护用品、用具。

(八)督促所属单位按整改计划落实并用好安全生产措施经费。

(九)协调劳动、卫生、防疫等有关部门对所属单位劳动条件、劳动环境进行检测和评价。

(十)组织对伤亡事故的调查和处理,负责伤亡事故的统计、分析和报告。

(十一)建立安全生产管理档案。

第九条 队(院)安全生产委员会的职责:

(一)根据国家、部门及地方政府有关劳动保护和安全生产方面的规章制度,结合实际情况组织制定有关管理规定,并检查执行情况。

(二)组织建立并落实各级安全生产责任制。

(三)组织制订安全生产年度计划和整改措施计划。

(四)结合工作实际对职工进行经常性的安全教育。宣传表扬安全生产方面的好人好事,批评忽视安全生产的行为。

(五)督促有关人员了解和踏勘测区安全情况,并采取相应的安全保护措施。

(六)根据整改计划落实并用好安全生产措施经费。

(七)监督检查职工劳动防护用品、用具的配发和使用情况。

(八)组织开展安全生产大检查,防止事故和职业病的发生。

(九)调查和处理伤亡事故,负责伤亡事故的统计、分析和报告。

(十)建立安全生产管理档案。

第十条 测绘管理部门和队(院)的安全生产检查员、中队(室)安全生产管理人员、小组(班)安全员的职责,由各单位结合实际情况制定。生产单位中各部门,都应该在各自业务范围内,对实现安全生产负责,要求职责明确,落实到人。

第十一条 全体职工应该自觉地遵守安全生产规章制度,积极参加安全生产的各项活动,主动提出改进安全生产工作的意见,制止生产作业中的违章行为,爱护和正确使用仪器、设备、工具及劳动防护用品、用具。对管理人员违章指挥、强令冒险作业,有权拒绝执行和向上级部门申述。

第四章　监督检查

第十二条　安全生产监督检查是贯彻安全生产法规制度，加强安全生产管理，落实安全生产责任制的重要措施。

第十三条　安全生产监督检查的主要内容包括：安全生产法规制度的贯彻，各级安全生产责任制和安全生产措施的落实，安全教育的实施，事故隐患的整改，伤亡事故的调查处理及报告制度的执行情况等。

第十四条　安全生产监督检查工作须结合实际采取自查、互查、抽查、普查等多种形式进行。在坚持对安全生产工作进行经常检查的同时，各测绘管理部门及其所属单位还应每年定期组织 2~3 次的全面检查。

第十五条　开展安全生产检查，必须有明确的目的、要求和具体计划。要做到边检查边改进，及时总结和推广先进经验。对限于条件不能及时解决的问题，应订出具体措施，限期解决。

第十六条　抓好安全生产监督检查工作，是各级领导和安全生产检查、管理人员的重要职责，通过监督检查，充分发挥其在生产中的保障和促进作用。

第五章　安全生产教育

第十七条　各级领导必须重视安全生产教育，建立并完善相应的规章制度。

第十八条　测绘管理部门和队（院）的安全生产检查员须通过由地市级以上劳动行政部门认可的单位进行的安全教育，在取得劳动行政部门颁发的任职资格证后方能上岗。

第十九条　队（院）主管领导的安全教育由测绘管理部门安全生产委员会负责组织进行，教育内容包括国家和部门有关劳动安全卫生的法规、劳动安全卫生管理知识等。

第二十条　中队（室）的安全生产管理人员、小组（班）安全员和职工的安全教育，由队（院）安全生产委员会负责，其教育内容和时间根据本单位实际情况确定。

第二十一条　新参加工作的职工必须通过队（院）、中队（室）、小组（班）三级安全教育，经考核合格后上岗。三级教育的时间总共不得少于 40 学时。

（一）队（院）级安全教育内容包括劳动安全卫生法规和有关的安全技术知识。

（二）中队（室）级安全教育内容包括典型事故案例和事故预防措施、事故应急措施等有关知识。

（三）小组（班）级安全生产教育内容包括劳动防护用品、用具的性能及正确使用方法。

第二十二条　职工变换作业岗位或离岗一年以上重新复岗时，或采用新工艺、新技术、新设备、新材料作业时，必须进行相应的安全教育。

第二十三条　从事特种作业的人员必须经过专门的安全知识与安全操作技能培训，并经过考核，取得特种作业资格，方可上岗工作。

第二十四条　生产单位各级领导要重视对临时用工（含从测区招用的农民工）的安全教育，具体工作由中队（室）和小组（班）负责。教育的内容应结合作业地区、分配的工作和本人实际情况进行，一般应侧重于劳动纪律、安全知识以及劳动防护用品、用具和测量工具的正确使用等。

第六章 事故报告、调查和处理

第二十五条 各单位发生重伤、死亡事故后，应尽快将事故发生的时间、地点、程度等概况，按隶属关系分别逐级报告上级主管部门和当地劳动等有关部门，同时报国家测绘局。遇有特殊情况不能按规定及时上报的，事后应充分说明原由。

第二十六条 事故发生后，现场人员应立即向单位报告，同时迅速组织抢救并保护好现场。如因抢救需变动事故现场时，必须事先做好标记、拍照、摄像或绘制事故现场图。

第二十七条 各单位、各部门在接到事故报告后，按事故等级根据国家和地方政府的有关规定，组织有关人员或指派主管领导赴现场处理事故、指挥抢救，同时会同有关部门，组织调查组进行事故调查处理。重大伤亡事故，国家测绘局派员赴事故现场，参加事故调查处理；特别重大伤亡事故，国家测绘局领导赴事故现场，参加事故处理。

第二十八条 事故调查组的责任是：查明事故的事实经过、发生原因、人员伤亡、经济损失，确定事故责任，总结事故教训，提出事故处理意见（包括善后事宜）和防范措施建议，写出事故调查报告。

第二十九条 事故调查组在进行工作时，单位和个人均须给予支持与合作，不得拒绝、阻碍、干涉事故调查组的正常工作。

第三十条 对违反安全生产规定的单位及其事故责任者和负事故领导责任的人员应根据国家和地方法规，分别给予行政处罚和行政处分；构成犯罪的，由司法机关依法追究刑事责任。

第三十一条 有下列情况之一者，应当追究事故责任。

（一）违章作业、违章指挥、冒险作业造成事故的。

（二）擅自更改、拆除、停用安全装置和设施造成事故的。

（三）不服从管理、违反劳动纪律、擅离岗位、擅自在非本职岗位上作业造成事故的。

（四）安装、检验、修理仪器设备及汽车等违反有关规定造成事故的。

（五）仪器、设备带病运行，安全装置不齐全，超温、超速、超压、超重、超负荷运行造成事故的。

（六）不按规定穿戴、使用劳动防护用品及用具，造成事故的。

（七）因玩忽职守造成事故的。

（八）其他应负事故责任的。

第三十二条 有下列情况之一者，追究事故领导责任。

（一）忽视安全生产管理和教育工作，安全生产规章制度和安全防护设施不健全，导致严重危害职工安全健康的。

（二）未按整改计划落实安全生产措施经费，使作业环境和劳动条件得不到改善造成事故的。

（三）强迫职工冒险作业，或安排有职业禁忌者从事所禁忌的工作，或安排未经过特种作业技能鉴定（考核）的人员上岗从事特种作业，或不按规定给职工配备劳动防护用品、用具，或由于安排作业人员超负荷劳动造成伤亡事故的。

（四）生产性建设工程不执行国家关于劳动安全卫生设施与主体工程同时设计、同时施工、同时投产的规定的。

（五）对已发现的事故隐患不采取有效措施及时处理造成伤亡事故的。

（六）发生事故隐瞒不报、谎报、故意拖延不报，或指使破坏事故现场，或拒绝接受调查和提供有关情况及资料，袒护包庇事故责任者的。

（七）在接到事故报告后，不到现场，或不积极采取措施组织抢救，以致扩大损失，导致事故更加严重的。

第七章　附则

第三十三条　测绘系统各单位根据本规定制定本单位的安全生产管理实施细则。

第三十四条　本规定在执行过程中遇有与国家有关法规不一致的，以国家规定为准。

第三十五条　本规定由国家测绘局人事教育劳动司负责解释。

第三十六条　本规定自发布之日起施行。

学习情境 6

公共生活与地图的使用

【学习目标】
1. 理解公共生活及其秩序的重要性。
2. 了解公共生活与行业法规的共同作用。
3. 掌握地图的定义、编制、出版发行的规定。

一、公共生活及其特点

1. 公共生活的含义

一般而言,公共生活是相对于私人生活而言的,两者既相互区别,又相互联系。事实上,随着现代社会的发展,人们的公共生活领域和私人生活领域都在不断地扩大,并且两者的边界也越来越明晰。

人类公共生活是逐步形成和发展起来的。在现代社会,公共生活领域随着国家调控规范化、理性化进程的加快,人们工作之余闲暇时间的增多,以及社会交往范围的扩大,也在迅速拓展。公共生活领域的扩大是社会文明发展的结果,体现了人作为一种社会存在物的社会本质的丰富和整体素质的提高。所以,维护公共生活秩序、积极拓展公共生活空间,也就成为人们的强烈意愿。这表明人们的公共生活规范意识正在迅速地发展。这种意识以维护社会公共生活的有序、合法、公开、公正为目标,强调人们之间的对话、交流、共同参与、彼此分担和共享。在公共生活中,一个人的行为必定与他人发生直接或间接的关系,有鲜明的开放性和透明性,对他人和社会的影响更为直接和广泛。

2. 当代社会公共生活的特征

1)活动范围的广泛性。经济社会的发展,使公共生活的场所和领域不断扩展,从传统的公交车、影剧院、图书馆、公园、集体宿舍等,到证券营业部、人才市场,网络技术还使人们的公共生活进一步扩展到虚拟世界(见图6-1)。人们在足不出户的情况下,也可以通过电话、网络等现代通信工具介入社会公共生活。

2)交往对象的复杂性。在很长的历史时

图 6-1

期内，人们往往是在"熟人社会"中活动，交往圈子很小；当今社会的公共生活领域，则更像一个"陌生人社会"。人们在公共生活中的交往对象并不仅限于熟识的人，而是进入公共场所的任何人。科学技术的迅猛发展和社会分工的日益细化，使人们更多地在陌生的公共环境中与陌生人打交道。

3）活动方式的多样性。当代社会的发展使人们的生活方式发生了新的变化，也极大地丰富了人们公共生活的内容和方式。商场购物、歌厅娱乐、广场漫步、公园休闲、图书馆学习、体育馆健身、互联网冲浪等，人们可以根据自身的需要及年龄、兴趣、职业、经济条件等因素，选择和变换参与公共生活的具体方式。公共场所的增加和公共设施的完善，也为丰富人们公共生活的内容和方式提供了良好的条件。

二、公共生活需要公共秩序

公共生活领域越扩大，对公共生活秩序化的要求就越高。在当代社会，公共生活有序化对经济社会健康发展的重要意义越加突出。

1. 有序的公共生活是构建和谐社会的重要条件

我们所要建设的社会主义和谐社会，是民主法治、公平正义、诚信友爱、充满活力、安定有序、人与自然和谐相处的社会。在这些要素中，安定有序是构建社会主义和谐社会的必要条件和重要特征。一个社会安定有序，本身就是不同利益群体各显其能、各得其所而又和谐相处的表现。在动荡不安、混乱无序的状态下，人民群众不可能安居乐业，社会和谐也就无从谈起。

2. 有序的公共生活是经济社会健康发展的必要前提

随着公共生活领域的扩大，个人活动对他人和社会造成的影响也越来越大。社会成员无论职业、地位、身份如何，只要进入公共场所，就应当自觉遵守公共生活规则（见图6-2），这是维护公共生活秩序以及经济社会健康发展的必要前提。

3. 有序的公共生活是提高社会成员生活质量的基本保证

追求更高的生活质量是全体社会成员的共同要求。在经济发展使人们的温饱问题基本解决以后，社会成员必将对进一步提高生活质量产生迫切的需求，人们更需要良好的社会风气和舒心的生活环境，这些都需要不断改善社会公共秩序作为保障。良好的社会公共秩序，是社会成员生活质量提升的一个重要标识。

图 6-2

4. 有序的公共生活是国家现代化和文明程度的重要标志

改革开放以来，我国经济飞速发展，综合国力显著增强，经济建设取得了举世公认的巨大成就。与此同时，政治建设、文化建设和社会建设也取得了显著成绩。人们在公共生活领域的文明程度和秩序意识有了很大的提高，这是社会文明发展的重要表现。但也应当看到，在公共生活中依然可以见到一些公德缺失的不文明现象，如不爱护公物、随地吐痰、排队时插队、过马路闯红灯、在公共场合大声喧哗等。当然，社会也在不断努力加强人们对这些不文明行为的纠正意识（见图6-3）。

图 6-3

 议一议

你有没有过在公共场所吸烟，或高空抛物，或随地吐痰，或在地铁里吃东西的行为？如果你遇到他人有这样的行为会不会去制止？

我们应该采取什么样的措施才能制止这些不文明行为的发生？

三、地图在公共生活中的应用

地图采用特殊的表现方法，把广阔的地理空间，编缩成人们可视的二维平面，把丰富多彩的地理环境，浓缩成满足人们某种需要的精美地理作品。

日常生活中，对地图最简单直接的应用莫过于市内公交线路图，它可以告诉我们公交线路的起终点和停靠的站点；而外出旅游时一定会提前查询或随身携带前往城市的旅游景点图。为了房间美观，或为增长地理知识提供方便，也有人把地图挂在家里用作装饰。大比例的、精确度高的地形、地质图还可为城市建设提供设计依据。

至于专业地图那就更多了，如军事地图、交通地图、地形地图、气象地图、各种资源分布图，甚至企业产品销售分布图，等等。

地图经历几千年的发展而长盛不衰，而且从地图学的发展可以知道，即使在未来，地图也仍然有不可替代的作用。总之，地图种类繁多，用途广泛，与人们生活息息相关。

四、地图的管理

1. 地图的定义

地图是指根据特定的数学法则，将地球上的自然和社会现象，通过制图综合，并以符号和注记缩绘在平面或者曲面上的图像。地图是地理空间信息的图形表现形式，是为人们提供自然地理要素或者地表人工设施的形状、大小、空间位置及其属性的图形。

按比例尺大小，地图可分为大比例尺地图、中比例尺地图和小比例尺地图；按内容，地图可分为普通地图和专题地图；按用途，地图可分为参考图、数学地图、地形图、航空图、海图、天文图以及交通图、旅游图等；按表现形式，地图可分为微缩地图、数字地图、电子地图、影像地图等。

2. 地图管理机构

《地图管理条例》第四条规定："国务院测绘地理信息行政主管部门负责全国地图工作的统一监督管理。国务院其他有关部门按照国务院规定的职责分工，负责有关的地图工作。县级以上地方人民政府负责管理测绘地理信息工作的行政部门负责本行政区域地图工作的统一监督管理。县级以上地方人民政府其他有关部门按照本级人民政府规定的职责分工，负责有关的地图工作。"

3. 地图编制资质

《地图管理条例》第七条规定："从事地图编制活动的单位应当依法取得相应的测绘资质证书，并在资质等级许可的范围内开展地图编制工作。"地图编制资质的申请、受理、审查和许可，在测绘资质管理的相关内容中有具体的规定。

4. 地图编制内容规定

我国对地图编制内容进行了严格的规定，主要内容如下：

1）地图编制必须遵守保密法律、法规，公开地图不得表示任何国家秘密和内部事项。

2）地图编制应当遵守国家有关地图内容表示的规定。

3）地图编制应当选用最新地图资料作为编制基础，并及时补充或者更改现势变化的内容。

4）地图编制应当正确反映各要素的地理位置、形态、名称及相互关系，具备符合地图使用目的的有关数据和专业内容。

5）地图编制中地图的比例尺应符合国家规定。

6）在地图上绘制中华人民共和国国界、中国历史疆界、世界各国国界以及中华人民共和国省、自治区、直辖市行政区域界线的，应当严格按照我国相关法律确定的基本原则进行。

5. 地图出版管理

我国对地图出版管理有明确的规定，主要体现在以下几个方面：

1）出版单位从事地图出版活动的，应当具有国务院出版行政主管部门审批的地图出版业务范围，并依照《出版管理条例》的有关规定办理审批手续。

2）出版单位根据需要，可以在出版物中插附经审核批准的地图。

3）出版单位出版地图，应当按照国家有关规定向国家图书馆、中国版本图书馆和国务院出版行政主管部门免费送交样本。

4）任何出版单位不得出版未经审定的中、小学教学地图。

案例 6-1

2013 年 9 月，福建省永春县某贸易有限公司为加拿大客户代理加工出口 2000 册《INDIAN SUBCONTINENT》（印度次大陆）、2000 册《CARIBBEAN ISLANDS》（加勒比海岛）、2020 张《ANTIGUA&DOMINICA》（安提瓜和多米尼克），印刷前未按照规定将试制样图报测绘地理信息行政主管部门审核。图集《INDIAN SUBCONTINENT》中，中印边界表示错误，违反了《中华人民共和国地图编制出版管理条例》第六条、第十七条（现为违反了《地图管理条例》第十条、第二十七条）和《地图审核管理规定》第八条的有关规定。2013 年 12 月，福建省测绘地理信息局依据《中华人民共和国地图编制出版管理条例》第二十五条（现为依据《地图管理条例》第四十九条）和《地图审核管理规定》第二十五条的规定，对该公司做出警告、责令停止上述地图（图集）在中华人民共和国境内发行、销售、展示，没收 2000 册《INDIAN SUBCONTINENT》，并处相应数额罚款的行政处罚。

（案例引自《关于 2014 年测绘地理信息违法典型案例的通报》）

请查阅相关资料了解《地图管理条例》第四十九条和《地图审核管理规定》第二十五条的规定。

案例 6-2

2014 年 8 月，福建省邵武市某进出口贸易有限公司为德国莱比锡客户代理加工出口的 440 幅喷绘世界地图，印刷前未按照规定将试制样图报测绘地理信息行政主管部门审核。地图中存在漏绘钓鱼岛、赤尾屿，阿克赛钦地区表示错误，台湾省按国家表示等严重问题，违反了《中华人民共和国地图编制出版管理条例》第六条、第十七条（现为违反了《地图管理条例》第十条、第二十七条）和《地图审核管理规定》第八条的有关规定。2014 年 10 月，福建省测绘地理信息局依据《中华人民共和国地图编制出版管理条例》第二十五条（现为依据《地图管理条例》第四十九条）和《地图审核管理规定》第二十五条的规定，对该公司做出警告、没收 440 幅地图，并处相应数额罚款的行政处罚。

（案例引自《关于 2014 年测绘地理信息违法典型案件的通报》）

请查阅相关资料了解《地图管理条例》第四十九条和《地图审核管理规定》第二十五条的规定。

案例 6-3

2014 年 5 月，南宁市国土资源执法监察支队收到群众举报，称广西南宁某文化传播有限公司涉嫌非法编制、印刷地图。经查，该公司在未取得测绘资质、未经测绘地理信息行政主管部门审查批准的情况下，从 2014 年 1 月开始，擅自编制、印刷《2014 广西南宁装修地图》1000多份,于2014年5月1日至3日期间,在南宁房地产博览会上免费发放900多份。该公司的行为违反了《中华人民共和国地图编制出版管理条例》第五条(现为违反了《地图管理条例》第七条)和《广西壮族自治区测绘管理条例》第三十条的有关规定。2014年10月,南宁市国土资源局依据《中华人民共和国地图编制出版管理条例》第二十四条(现为依据《地图管理条例》第四十八条)和《广西壮族自治区测绘管理条例》第四十九条的有关规定,对该公司做出责令停止违法行为,并处相应数额罚款的行政处罚。

(案例引自《关于2014年测绘地理信息违法典型案件的通报》)

请查阅相关资料了解《地图管理条例》第四十八条和《广西壮族自治区测绘管理条例》第四十九条的有关规定。

【知识链接】

《地图审核管理规定》部分条文

第八条 下列情况下,单位和个人(以下统称申请人),应当按照本规定向地图审核部门提出地图审核申请:

(一)在地图出版、展示、登载、引进、生产、加工前;

(二)使用国务院测绘行政主管部门或者省级测绘行政主管部门提供的标准画法地图,并对地图内容进行编辑改动的。

第二十五条 违反本规定,有下列行为之一的,由国务院测绘行政主管部门或者省级测绘行政主管部门责令限期改正,给予警告,并可以处5000元以上20000元以下的罚款:

(一)未按规定送审地图的或者擅自使用未经审核批准的地图的;

(二)经审核批准的地图,未按审查意见修改的。

第二十六条 违反本规定,有下列行为之一的,由国务院测绘行政主管部门或者省级测绘行政主管部门给予警告,并处20000元以上30000元以下的罚款:

(一)弄虚作假、伪造申请材料,骗取地图审核批准的;

(二)伪造或者冒用地图审核批准文件和地图审图号的。

《地图管理条例》部分条文

第七条 从事地图编制活动的单位应当依法取得相应的测绘资质证书,并在资质等级许可的范围内开展地图编制工作。

第十条 在地图上绘制中华人民共和国国界、中国历史疆界、世界各国间边界、世界各国间历史疆界,应当遵守下列规定:

(一)中华人民共和国国界,按照中国国界线画法标准样图绘制;

(二)中国历史疆界,依据有关历史资料,按照实际历史疆界绘制;

(三)世界各国间边界,按照世界各国国界线画法参考样图绘制;

(四)世界各国间历史疆界,依据有关历史资料,按照实际历史疆界绘制。

中国国界线画法标准样图、世界各国国界线画法参考样图，由外交部和国务院测绘地理信息行政主管部门拟订，报国务院批准后公布。

第二十七条　出版单位从事地图出版活动的，应当具有国务院出版行政主管部门审核批准的地图出版业务范围，并依照《出版管理条例》的有关规定办理审批手续。

第四十八条　违反本条例规定，未取得测绘资质证书或者超越测绘资质等级许可的范围从事地图编制活动或者互联网地图服务活动的，依照《中华人民共和国测绘法》的有关规定进行处罚。

第四十九条　违反本条例规定，应当送审而未送审的，责令改正，给予警告，没收违法地图或者附着地图图形的产品，可以处10万元以下的罚款；有违法所得的，没收违法所得；构成犯罪的，依法追究刑事责任。

《广西壮族自治区测绘管理条例》部分条文

第三十条　编制、印刷、出版、展示、登载地图或者地图产品，应当遵守国家有关地图内容表示的规定。禁止生产、销售和展示危害国家主权或者安全，损害国家利益的地图和地图产品。

任何单位和个人不得擅自编制、印刷、出版、展示、登载未经审查批准的地图及地图产品。

第四十九条　违反本条例第三十条第一款规定，编制、印刷、出版、展示、登载的地图发生错绘、漏绘、泄密，危害国家主权或者安全，损害国家利益的，由县级以上人民政府测绘行政主管部门给予警告，责令改正，停止违法行为，没收违法所得，并处一万元以上三万元以下的罚款；构成犯罪的，依法追究刑事责任。

违反本条例第三十条第二款规定，未经审查批准，擅自编制、印刷、出版、展示、登载各种地图及地图产品的，由县级以上人民政府测绘行政主管部门给予警告，责令改正，停止违法行为，没收违法所得，并处三百元以上一万元以下的罚款。

学习情境 7

善用合同办事及测绘合同

【学习目标】
1. 了解合同的形式和要求。
2. 掌握合同内容的订立。
3. 掌握合同的订立方式以及合同的有效性。
4. 熟悉测绘合同的签订。

一、合同的定义

合同是平等主体的自然人、法人、其他组织之间设立、变更、终止民事权利义务关系的协议。社会生活中合同无处不在,它为当事人确立的相互之间的权利义务关系,受到法律的保护,故意违约、利用合同进行欺诈等行为要承担法律责任。

 议一议

图 7-1

二、合同法概述

合同法是调整平等主体之间的交易关系的法律,它主要规范合同的订立、合同的效力、合同的履行、变更、转让、终止、违反合同的责任及各类有名合同等问题。在我国,合同法并不是一个独立的法律部门,而只是我国民法的重要组成部分。

《中华人民共和国合同法》（以下简称《合同法》）第十条指出："当事人订立合同，有书面形式、口头形式和其他形式。法律、行政法规规定采用书面形式的，应当采用书面形式。当事人约定采用书面形式的，应当采用书面形式。"

法律规定了订立合同必须采用书面形式的情形，界定了书面形式的含义。一般来说，数额较大、履行时间较长的合同，应当签订书面合同。标的额较小、权利义务关系相对简单的民事法律关系可以采用口头形式。

《合同法》第十一条又指出："书面形式是指合同书、信件和数据电文（包括电报、电传、传真、电子数据交换和电子邮件）等可以有形地表现所载内容的形式。"

三、合同的基本原则

《合同法》第二条规定："本法所称合同是平等主体的自然人、法人、其他组织之间设立、变更、终止民事权利义务关系的协议。"

根据《合同法》的规定，订立合同应遵循以下基本原则：

1. 当事人法律地位平等

根据《合同法》的规定，合同当事人的法律地位平等，一方不得将自己的意志强加给另一方。也就是说，合同当事人在权利义务对等的基础上，经充分协商达成一致，以实现互利互惠的经济利益目的。

2. 自愿原则

根据《合同法》的规定，当事人依法享有自愿订立合同的权利，任何单位和个人不得非法干预。自愿原则贯彻合同活动全过程，包括：①订不订立合同自愿；②与谁订立合同自愿；③合同内容由当事人在不违法的情况下自愿约定；④双方可以协议解除合同；⑤在发生争议时当事人可以自愿选择解决争议的方式。

当然，自愿也不是绝对的，不是想怎样就怎样。当事人订立合同、履行合同，应当遵守法律、行政法规，尊重社会公德，不得扰乱社会经济秩序，损害社会公共利益。

3. 公平原则

根据《合同法》的规定，当事人应当遵循公平原则确定各方的权利和义务，具体包括：①在订立合同时，要根据公平原则确定双方的权利和义务，不得滥用权利，不得欺诈，不得假借订立合同恶意进行磋商；②根据公平原则确定风险的合理分配；③根据公平原则确定违约责任。

4. 诚实信用原则

根据《合同法》的规定，当事人行使权利、履行义务应当遵循诚实信用原则。诚实信用原则要求当事人在订立、履行合同，以及合同终止后的全过程中，都要诚实，讲信用，相互协作。诚实信用原则具体包括：①在订立合同时，不得有欺诈或其他违背诚实信用的行为；②在履行合同义务时，当事人应当遵循诚实守信原则，根据合同的性质、目的和交易习惯履行及时通知、协助、提供必要的条件、防止损失扩大、保密等义务；③合同终止后，当事人也应当遵循诚实信用原则，根据交易习惯履行通知、协助、保密等义务，这称为后契约义务。

5. 遵守法律和不得损害社会公共利益原则

根据《合同法》的规定，当事人订立、履行合同，应当遵守法律、行政法规，尊重社会公德，不得扰乱社会经济秩序，损害社会公共利益。必须遵守法律，以保证交易在遵守公共秩序和善良风俗的前提下进行，使市场经济有一个健康、正常的道德秩序和法律秩序。

四、关于合同内容

合同的内容即合同当事人订立合同的各项具体意思表示，具体体现为合同的各项条款。

 议一议

合同的内容是如何确定的？合同条款一般如何分类？

采用格式条款订立合同的，提供格式条款的一方应当遵循公平原则确定当事人之间的权利和义务，并采取合理的方式提请对方注意免除或者限制其责任的条款，按照对方的要求，对该条款予以说明。

合同的内容由当事人约定，格式一般应包括以下条款：①当事人的名称或者姓名和住所；②标的；③数量；④质量；⑤价款或者报酬；⑥履行期限、地点和方式；⑦违约责任；⑧解决争议的方法。当事人可以参照各类合同的示范文本订立合同。

格式条款是当事人为了重复使用而预先拟定，并在订立合同时未与对方协商的条款。——《合同法》第三十九条

格式条款具有本法第五十二条和第五十三条规定情形的，或者提供格式条款一方免除其责任、加重对方责任、排除对方主要权利的，该条款无效。——《合同法》第四十条

《合同法》之所以对格式条款做出特别规定，是考虑到提供格式条款的一方可能给接受方带来不利，也是为了平衡双方当事人的关系。

五、订立合同的方式

合同的订立是一个要约与承诺的过程，这一过程往往需要经过多个回合的书面文件往返修改，当事人以要约与承诺的方式达成一致意见，从而形成合同关系。要约是指希望和他人订立合同的意思表示。要约邀请是指希望他人向自己发出要约的意思表示。反要约是指受要约人将原要约的内容加以扩张、限制或变更后而予以接受的行为。承诺是指受要约人同意要约的意思表示。

 议一议

某商店游戏机标价1800元。

顾客：这款游戏机多少钱？

老板：你愿出多少钱？

顾客：900元，行不行？

老板：哪有这样的价，本都不够，1700元，不买算了。

(顾客刚走几步)

老板：回来，回来，今天还没开张呢。你开个价，给个面子开个张。

顾客：到底多少钱？说个价。

老板：最少1500元，跳楼价。

顾客：最多1100元。

老板：1400元，少一分都不卖了，杀头价。

顾客：行，成交。

想一想，区分出对话中的要约、要约邀请、反要约与承诺。

六、合同的有效性

《合同法》第四十四条指出："依法成立的合同，自成立时生效。法律、行政法规规定应当办理批准、登记等手续生效的，依照其规定。"

议一议

讨论一下合同的效力有哪些分类？怎样才能使一份合同具有法律效力？

根据《合同法》的规定，依法成立的合同，对当事人具有法律约束力。当事人应当按照约定履行自己的义务，不得擅自变更或者解除合同。所谓法律约束力，就是说，当事人应当按照合同的约定履行自己的义务，非依法律规定或者取得对方同意，不得擅自变更或者解除合同。如果不履行合同义务或者履行合同义务不符合约定，就要承担违约责任。

依法成立的合同受法律保护。所谓受法律保护，就是说，如果一方当事人未取得对方当事人同意，擅自变更或者解除合同、不履行合同义务或者履行合同义务不符合约定，从而使对方当事人的权益受到损害，受损害方向人民法院起诉要求维护自己的权益时，法院要依法维护，对于擅自变更或者解除合同的一方当事人强制其履行合同义务并承担违约责任。

《合同法》将合同的效力分为有效合同、无效合同、可撤销可变更合同和效力待定合同。一份具有法律效力的合同必须做到合同主体资格合法、合同内容合法、合同订立的过程合法。有效合同、无效合同、可撤销可变更合同和效力待定合同的比较如表7-1所示。

表7-1 有效合同、无效合同、可撤销可变更合同和效力待定合同的比较

项目	有效合同	无效合同	可撤销、可变更合同	效力待定合同
成立条件	有相应民事行为能力；意思表示真实；不违反法律、行政法规的强制性规定或损害社会公共利益	以欺诈、胁迫的手段订立合同，损害国家利益；恶意串通，损害国家、集体或者第三人利益；以合法形式掩盖非法目的；损害社会公共利益；违反法律、行政法规的强制性规定	因重大误解订立的；以欺诈、胁迫、乘人之危的手段订立的；订立时显失公平	行为能力上有欠缺；处分能力上有欠缺；代理能力上有欠缺

(续)

项目	有效合同	无效合同	可撤销、可变更合同	效力待定合同
法律后果	得到法律保护	双方返还财物；赔偿损失；收缴返还所得	撤销或变更	追告、撤销，有效部分得到法律保护，无效不受法律保护；追认，有效；不追认，无效

七、《测绘合同》示范文本

《测绘合同》示范文本

(GF-2000-0306)

工程名称：＿＿＿＿＿＿＿＿＿＿＿＿

合同编号：＿＿＿＿＿＿＿＿＿＿＿＿

国　家　测　绘　局
　　　　　　制定
国家工商行政管理局

定作人（甲方）：　　　　　　　　　　　　　　合同编号：
承揽人（乙方）：　　　　　　　　　　　　　　签订地点：
承揽人测绘资质等级：　　　　　　　　　　　　签订时间：

根据《中华人民共和国合同法》《中华人民共和国测绘法》和有关法律法规，经双方协商一致签订本合同。

第一条　测绘范围（包括测区地点、面积、测区地理位置等）：
第二条　测绘内容（包括测绘项目和工作量等）：
第三条　执行技术标准：

序　号	标准名称	标准代号	标准级别

其他技术要求：

第四条　测绘工程费：

1. 取费依据：国家颁布的测绘产品价格标准。

2. 取费项目及预算工程总价款：

序　号	项目名称	工　作　量	单价/元	合计/元	备　注

预算工程总价款：

3. 工程完工后，根据实际测绘工作量核计实际工程价款总额。

第五条　甲方的义务

1. 自合同签订之日起　　日内向乙方提交有关资料。

2. 自接到乙方编制的技术设计书之日起　　日内完成技术设计书的审定工作，并提出书面审定意见。

3. 应当保证乙方的测绘队伍顺利进入现场工作，并对乙方进场人员的工作、生活提供必要的条件。

4. 甲方保证工程款按时到位，以保证工程的顺利进行。

5. 允许乙方内部使用执行本合同所生产的测绘成果。

第六条　乙方的义务

1. 自收到甲方的有关材料之日起　　日内，根据甲方的有关资料和本合同的技术要求，完成技术设计书的编制，并交甲方审定。

2. 自收到甲方对技术设计书同意实施的审定意见之日起　　日内组织测绘队伍进场作业。

3. 乙方应当根据技术设计书要求确保测绘项目如期完成。

4. 允许甲方内部使用乙方为执行本合同所提供的属乙方所有的测绘成果。

5. 未经甲方允许，乙方不得将本合同标的的全部或部分转包给第三方。

第七条　测绘项目完成工期

序　号	测绘项目	完成时间	备　注

全部成果应于　　年　月　　日前交甲方验收。

第八条 乙方应当于工程完工之日起　　日内书面通知甲方验收，甲方应当自接到完工通知之日起　　日内，组织有关专家，依据本合同约定使用的技术标准和技术要求，对乙方所完工的测绘工程完成验收，并出具测绘成果验收报告书。

对乙方所提供的测绘成果的质量有争议的，由测区所在地的省级测绘产品质量监督检验站裁决。其费用由败诉方承担。

第九条 对乙方测绘成果的所有权、使用权和著作权归属的约定：

第十条 测绘工程费支付日期和方式

1. 自合同签订之日起　　日内甲方向乙方支付定金人民币　　元。并预付工程预算总价款的　　%，人民币　　元。

2. 当乙方完成预算工程总量的　　%时，甲方向乙方支付预算工程价款的　　%，人民币　　元。

3. 当乙方完成预算工程总量的　　%时，甲方向乙方支付预算工程价款的　　%，人民币　　元。

4. 乙方自工程完工之日起　　日内，根据实际工作量编制工程结算书，经甲、乙双方共同审定后，作为工程价款结算依据。自测绘成果验收合格之日起　　日内，甲方应根据工程结算结果向乙方全部结清工程价款。

第十一条

1. 自测绘工程费全部结清之日起　　日内，乙方根据技术设计书的要求向甲方交付全部测绘成果（见下表）。

序　号	成果名称	规　格	数　量	备　注

2. 乙方向甲方交付约定的测绘成果　　份。甲方如需增加测绘成果份数，需另行向乙方支付每份工本费　　元。

第十二条 甲方违约责任

1. 合同签订后，乙方未进入现场工作前，由于甲方工程停止而终止合同的，甲方无权请求返还定金。双方没有约定定金的，偿付乙方预算工程费的30%，人民币　　元；乙方已进入现场工作，甲方应按完成的实际工作量支付工程价款，并按预算工程费的　　%（　　元）向乙方偿付违约金。

2. 乙方进场后，甲方未给乙方提供必要的工作、生活条件而造成停窝工时，甲方应支付给乙方停窝工费，停窝工费按合同约定的平均工日产值（　　元/日）计算，同时工期顺延。

3. 甲方未按要求支付乙方工程费，应按顺延天数和当时银行贷款利息，向乙方支付违约金。影响工程进度的，甲方应承担顺延工期的责任，并根据本条第二项的约定向乙方支付停窝工费。

4. 对于乙方提供的图纸等资料以及属于乙方的测绘成果，甲方有义务保密，不得向第三人提供或用于本合同以外的项目，否则乙方有权要求甲方按本合同工程款总额的 20% 赔偿损失。

第十三条　乙方违约责任

1. 合同签订后，如乙方擅自中途停止或解除合同，乙方应向甲方双倍返还定金。双方没有约定定金的，乙方向甲方赔偿已付工程价款的　　%，人民币　　元，并归还甲方预付的全部工程款。

2. 在甲方提供了必要的工作、生活条件，并且保证了工程款按时到位，乙方未能按合同规定的日期提交测绘成果时，应向甲方赔偿拖期损失费，每天的拖期损失费按合同约定的预算工程总造价款的　　% 计算。因天气、交通、政府行为、甲方提供的资料不准确等客观原因造成的工程拖期，乙方不承担赔偿责任。

3. 乙方提供的测绘成果质量不合格的，乙方应负责无偿予以重测或采取补救措施，以达到质量要求。因测绘成果质量不符合合同要求（而又非甲方提供的图纸资料原因所致）造成后果时，乙方应对因此造成的直接损失负赔偿责任，并承担相应的法律责任（由于甲方提供的图纸资料原因产生的责任由甲方自己负责）。返工周期为　　天，到　　年　　月　　日完成，并向甲方提供测绘成果。

4. 对于甲方提供的图纸和技术资料以及属于甲方的测绘成果，乙方有保密义务，不得向第三人转让，否则甲方有权要求乙方按本合同工程款总额的 20% 赔偿损失。

5. 乙方擅自转包本合同标的的，甲方有权解除合同，并可要求乙方偿付预算工程费 30%（人民币　　元）的违约金。

第十四条　由于不可抗力，致使合同无法履行时，双方应按有关法律规定及时协商处理。

第十五条　其他约定：

第十六条　本合同执行过程中的未尽事宜，双方应本着实事求是、友好协商的态度加以解决。双方协商一致的，签订补充协议。补充协议与本合同具有同等效力。

第十七条　因本合同发生争议，由双方当事人协商解决或由双方主管部门调解，协商或调解不成的，当事人双方同意　　仲裁委员会仲裁（当事人双方未在合同中约定仲裁机构，事后又未达成书面仲裁协议的，可向人民法院起诉）。

第十八条　附则

1. 本合同由双方代表签字，加盖双方公章或合同专用章即生效。全部成果交接完毕和测绘工程费结算完成后，本合同终止。

2. 本合同一式　　份，甲方　　份，乙方　　份。

定作人名称（盖章）　　　　　　　　承揽人名称（盖章）

定作人住所：　　　　　　　　　　　承揽人住所：

邮政编码：　　　　　　　　　　　　邮政编码：

联系人：   联系人：
电　话：   电　话：
传　真：   传　真：
E- mail：   E- mail：
开户银行：   开户银行：
银行账号：   银行账号：
法定代表人：   法定代表人：
　　签字：   　　签字：
（委托代理人）   （委托代理人）

案例 7-1

2011 年 4 月 10 日，李先生与某开发商于某市签订了一份商品房内售合同，该合同第 2 条规定："甲方（开发商）向乙方（李先生）交付房屋时，应同时提供测绘部门的实测面积数据，甲方交付房屋的日期为 2011 年 5 月 24 日。"

该合同第 6 条还规定："除不可抗力外，甲方未按期将房屋交付给乙方时，乙方有权向甲方追缴违约金。违约金支付时间自 2011 年 5 月 25 日起至实际交付之日止，每延期一日，甲方按乙方已支付的房屋价款金额的万分之一向乙方支付违约金。"

2011 年 5 月 30 日，开发商又与李先生签订了一份补充协议，其中主要对房屋实测面积进行了约定："甲方承诺与乙方进行最后房款结算时，若实测面积大于签约面积，则不再收取多出部分的房款，若实测面积小于签约面积，则保证实测面积结果出来后 10 日内将多收部分的房款返还乙方，同时承诺实测面积自交房之日起 20 个工作日内出具，逾期按甲方逾期交房处理。乙方同意本次入住暂按合同面积办理入住手续，且不以甲方尚未出具实测面积数据作为甲方未按期交房的理由。"

然而，交楼后，开发商却迟迟不能按合同约定向买家提供商品房的实测面积报告，而只是提供了一份项目合作方开具的既没有公章、日期也不明确的房屋土地测绘技术报告书。愤怒的李先生把开发商告上法庭，要求其支付违约金并提供有资质的测绘部门出具的房屋实测面积数据的正式报告。

法院判决结果如下：开发商违约赔款。法院经审理认为，李先生与开发商签订的购房契约与补充协议均合法有效，开发商没有按协议约定向李先生提交正式的商品房面积实测数据，应当承担违约责任。开发商于判决生效后 7 日内支付业主违约金 2.4 万余元；开发商应于判决生效后 15 日内向李先生提交有资质的测绘部门出具的房屋实测面积数据的正式报告。逾期不提供，每延期一日，按李先生已支付房屋价款金额的万分之一向李先生支付违约金至实际提供之日止。

案例评析：随着经济的发展和房地产市场的日益活跃，与之相伴而生的法律纠纷也日益增加。业主与开发商之间合同签订不规范、合同履行不完整、对合同内容理解的不清晰等都会加剧纠纷的产生。然而，在房地产纠纷中，业主因商品房实测面积不正规而状告开发商的案子并不多见。因此，本案案情虽然简单，但仍具有一定的典型性。

1. 李先生与开发商签订的合同与补充协议是否有效

这是本案的前提和关键所在。《中华人民共和国合同法》第八条规定："依法成立的合同，对当事人具有法律约束力。当事人应当按照约定履行自己的义务，不得擅自变更或者解除合同。依法成立的合同，受法律保护。"《中华人民共和国民法通则》第五十五条也指出："民事法律行为应当具备下列条件：（一）行为人具有相应的民事行为能力；（二）意思表示真实；（三）不违反法律或者社会公共利益。"依据现行法律的规定和我们对民事法律行为以及合同的传统理解，合同当然也是一种民事法律行为。这就是说，只要在合同当事人所做出的意思表示是真实的、符合法律要求的情况下，合同即具有法律约束力，并应受到国家法律的保护。

合同是当事人之间的"法律"，它至少表达了以下两层意思：第一，合同是具有法律效力的，这个法律效力表现在人们可依据合同设立权利和义务关系，因此在法律上就确立了人们享有权利和承担义务的除法律之外的第二个来源和依据。第二，除了法定之债以外，在民商事领域里面，当事人之间的合同对当事人间的权利和义务的设定具有第一位的作用。有效的合同是当事人的特别法，当事人的约定优先于法律的规定，法律只是处于补充的地位。本案中，李先生与开发商之间签订的合同并无违法情形，完全是双方当事人真实意思的现实表露，同时双方当事人对合同的效力均无异议，因此法院认定两者之间的合同和补充协议是合法有效的。

2. 开发商的实测数据是不是合同约定的"实测面积数据"

目前，对房产测绘进行规制的法律法规有《中华人民共和国测绘法》《房产测绘管理办法》和建设部《关于房屋建筑面积计算与房屋权属登记有关问题的通知》（以下简称《通知》）以及各地关于执行《通知》的通知。这些法律法规均指出，目前我国的房产测绘由测绘行政主管部门负责。因此，正规的房屋建筑面积测绘成果报告应该也只能由各级测绘行政主管部门出具。

一般来说，业主和开发商之间约定的房屋"实测面积数据"应该也只能是法律公认的房屋建筑面积测绘成果报告。因此，通常情况下，正规的房屋建筑面积测绘成果报告至少在形式上应具备以下条件：

1）出具主体应该也只能是各级测绘行政主管部门。依据上述法律法规，各级测绘行政主管部门是对房产面积实际测绘的主体，相应的房屋建筑面积测绘成果报告也只能由其（一般为基层的测绘大队）出具。当然在测绘工作市场化的今天，不排除社会上存在一些具备专业资质的测绘部门，但毕竟还是少数。出具测绘成果报告的形式也应该是由各级测绘行政主管部门直接给开发商或者开发商的代理人。本案中，虽然开发商向李先生也提供了所谓的"房屋土地测绘技术报告书"，但是这份报告书并非正式的报告书，而是开发商的合作方私下交给开发商的，测绘行政主管部门并未向开发商出具过任何正式的商品房面积实测报告。以一份出处不明或者说来源不合法的报告作为向业主提供的房屋建筑面积测绘成果报告显然并不是诚实守信所为，也不符合社会公众对房屋建筑面积测绘成果报告的普遍认识，更不符合业主与开发商在合同里面的约定。

2）房屋面积测绘成果报告上应该有相应的日期和公章。开发商提供的缺乏公章和日期并且出处也有瑕疵的商品房面积实测报告并不符合李先生与开发商在合同里面的约定。

（案例引自《不提供规范测绘报告，开发商吃官司》）

学习情境 8

外国组织或个人来华测绘管理

【学习目标】

1. 熟悉中国公民和外国人出境入境的相关知识。
2. 了解外国组织或个人来华工作的要求。
3. 掌握外国组织或个人来华测绘的管理。
4. 了解外国组织或个人来华非法测绘的情况。

一、中国公民出入中国国境

《中华人民共和国出境入境管理法》是为了规范出境入境管理,维护中华人民共和国的主权、安全和社会秩序,促进对外交往和对外开放而制定的。

中国公民出境入境,应当依法申请办理护照或者其他旅行证件。

中国公民前往其他国家或者地区,还需要取得前往国签证或者其他入境许可证明。但是,中国政府与其他国家政府签订互免签证协议或者公安部、外交部另有规定的除外。

中国公民出境入境,应当向出入境边防检查机关交验本人的护照或者其他旅行证件等出境入境证件,履行规定的手续,经查验准许,方可出境入境。

具备条件的口岸、出入境边防检查机关应当为中国公民出境入境提供专用通道等便利措施。

定居国外的中国公民要求回国定居的,应当在入境前向中华人民共和国驻外使馆、领馆或者外交部委托的其他驻外机构提出申请,也可以由本人或者经由国内亲属向拟定居地的县级以上地方人民政府侨务部门提出申请。

定居国外的中国公民在中国境内办理金融、教育、医疗、交通、电信、社会保险、财产登记等事务需要提供身份证明的,可以凭本人的护照证明其身份。

 议一议

小张的姨妈很多年前移居国外定居,今年暑假小张的妈妈决定带小张一起去探望姨妈,小张和妈妈需要做哪些准备工作?怎么才能顺利去探望姨妈?

二、外国人在我国入境出境

外国人入境，应当向驻外签证机关申请办理签证，但是《中华人民共和国出境入境管理法》另有规定的除外。

外国人申请办理签证，应当向驻外签证机关提交本人的护照或者其他国际旅行证件，以及申请事由的相关材料，按照驻外签证机关的要求办理相关手续、接受面谈。

外国人申请办理签证需要提供中国境内的单位或者个人出具的邀请函件的，申请人应当按照驻外签证机关的要求提供。出具邀请函件的单位或者个人应当对邀请内容的真实性负责。

外国人入境，应当向出入境边防检查机关交验本人的护照或者其他国际旅行证件、签证或者其他入境许可证明，履行规定的手续，经查验准许，方可入境。

对未被准许入境的外国人，出入境边防检查机关应当责令其返回；对拒不返回的，强制其返回。外国人等待返回期间，不得离开限定的区域。

外国人出境，应当向出入境边防检查机关交验本人的护照或者其他国际旅行证件等出境入境证件，履行规定的手续，经查验准许，方可出境。

外国人所持签证注明入境后需要办理居留证件的，应当自入境之日起 30 日内，向拟居留地县级以上地方人民政府公安机关出入境管理机构申请办理外国人居留证件。

申请办理外国人居留证件，应当提交本人的护照或者其他国际旅行证件，以及申请事由的相关材料，并留存指纹等人体生物识别信息。公安机关出入境管理机构应当自收到申请材料之日起 15 日内进行审查并做出审查决定，根据居留事由签发相应类别和期限的外国人居留证件。

外国人工作类居留证件的有效期最短为 90 日，最长为 5 年；非工作类居留证件的有效期最短为 180 日，最长为 5 年。

符合国家规定的专门人才、投资者或者出于人道等原因确需由停留变更为居留的外国人，经设区的市级以上地方人民政府公安机关出入境管理机构批准可以办理外国人居留证件。

外国人在中国境内停留居留，不得从事与停留居留事由不相符的活动，并应当在规定的停留居留期限届满前离境。外国人在中国境内工作，应当按照规定取得工作许可和工作类居留证件。任何单位和个人不得聘用未取得工作许可和工作类居留证件的外国人。

根据维护国家安全、公共安全的需要，公安机关、国家安全机关可以限制外国人、外国机构在某些地区设立居住或者办公场所；对已经设立的，可以限期迁离。

未经批准，外国人不得进入限制外国人进入的区域。

外国人有下列情形之一的，可以遣送出境：
1）被处限期出境，未在规定期限内离境的。
2）有不准入境情形的。
3）非法居留、非法就业的。
4）违反《中华人民共和国出境入境管理法》或者其他法律、行政法规需要遣送出境的。

其他境外人员有上述所列情形之一的，可以依法遣送出境。

被遣送出境的人员，自被遣送出境之日起 1~5 年内不准入境。

外国人未经批准，擅自进入限制外国人进入的区域，责令立即离开；情节严重的，处 5 日以上 10 日以下拘留。对外国人非法获取的文字记录、音像资料、电子数据和其他物品，予以收缴或者销毁，所用工具予以收缴。

外国人、外国机构违反《中华人民共和国出境入境管理法》规定，拒不执行公安机关、国家安全机关限期迁离决定的，给予警告并强制迁离；情节严重的，对有关责任人员处 5 日以上 15 日以下拘留。

外国人非法居留的，给予警告；情节严重的，处每非法居留一日 500 元，总额不超过 10000 元的罚款或者 5 日以上 15 日以下拘留。

外国人非法就业的，处 5000 元以上 20000 元以下罚款；情节严重的，处 5 日以上 15 日以下拘留，并处 5000 元以上 20000 元以下罚款。外国人从事与停留居留事由不相符的活动，或者有其他违反中国法律、法规规定，不适宜在中国境内继续停留居留情形的，可以处限期出境。

外国人违反《中华人民共和国出境入境管理法》规定，情节严重，尚不构成犯罪的，公安部可以处驱逐出境。公安部的处罚决定为最终决定。

被驱逐出境的外国人，自被驱逐出境之日起 10 年内不准入境。

 **案例 8-1**

2013 年 6 月某国际旅行社组织了一个去泰国的旅游团，在出境前导游未对游客讲解有关风俗和禁忌，一位游客参与了街头的扑克赌博，结果被当地警方处以重罚，并驱逐出境。游客认为是旅行社没有讲清楚，要求赔偿。旅行社认为参与赌博是游客个人行为，不应承担责任。

该案例体现了导游在讲解中提醒和忠告的重要性。人们常说"入乡随俗，入国问禁"，导游作为旅行社的代表，有责任有义务对旅游地的法规、风俗和禁忌进行讲解，遇到要点一定要反复强调，必要时也可以适当引用典型事例以起到警示的作用。因为这不仅关系到责任问题，而且一旦出了问题，对整个旅游团和整个旅游活动都会产生很大的负面影响。

三、外国组织或个人来华工作要求

用人单位应在外国人入境前申办《外国人就业许可证书》；还需提交履历证明、资历证明，如是外文需提供中文翻译件，翻译件由用人单位盖公章。

《外国人就业许可证书》自签发之日起 6 个月有效，过期不办理有关手续的，许可证书自动失效。

外国专家受聘在中国境内工作，应取得外国专家来华工作许可。申请外国专家来华工作许可的外国专家应遵守中国法律法规，身体健康，无犯罪记录，并符合下列条件之一：

1）为执行政府间、国际组织间协议、协定和中外经贸合同，应聘在中国工作的外国籍专业技术或管理人员。

2）应聘在中国从事教育、科研、新闻、出版、文化、艺术、卫生、体育等工作的外国籍专业人员。

3）应聘在中国境内的企业中担任副总经理以上职务，或享受同等待遇的外国籍高级专业技术或管理人员。

4）经国家外国专家局批准的境外专家组织或人才中介机构常驻中国代表机构的外国籍代表。

5）应聘在中国从事经济、技术、工程、贸易、金融、财会、税务、旅游等领域工作，具有特殊专长、中国紧缺的外国籍专业技术或管理人员。

上述第2）、3）款外国专家应具有大学学士以上学位和5年以上相关工作经历（其中语言教师应具有大学学士以上学位和2年以上相关工作经历）。

 议一议

"三非"外国人是对非法入境、非法居留、非法工作外国人的简称。警方介绍，北京市每日实有外国人近20万人，居住地遍布所有行政区县。随着越来越多的外籍人员融入，一些外籍不法人员也借机混杂其间，伺机从事违法犯罪活动。我们应该如何应对呢？

四、外国组织或个人来华测绘管理暂行办法

随着我国综合国力的不断增强，我国对外交流的广度和深度不断拓展，一次性测绘活动越来越多。这些一次性测绘活动有些是我国政府及有关部门加入的国际性组织需要在我国测绘的，有些是经济、科技、文化等对外交流活动之中包含有测绘工作的，有些是测绘企业对外开展合作过程中产生的。为了促进我国经济、科技、文化的对外交流和发展，依法引导和规范外国的组织和个人在我国领域和管辖的其他海域投资测绘业或者从事测绘活动，需要制定具体管理办法。

《外国的组织或者个人来华测绘管理暂行办法》主要依据《中华人民共和国测绘法》和《中华人民共和国行政许可法》制定。

《中华人民共和国测绘法》对外国的组织或者个人在中华人民共和国领域和管辖的其他海域从事测绘活动做出了原则性规定，《外国的组织或者个人来华测绘管理暂行办法》作为《中华人民共和国测绘法》的配套规章，以《中华人民共和国测绘法》为依据，规定了适用范围、基本原则、监管部门等。准予外国的组织或者个人来华测绘属于行政许可行为，《外国的组织或者个人来华测绘管理暂行办法》中关于外国的组织或者个人来华测绘的审批程序、期限等方面的规定均严格依据《中华人民共和国行政许可法》做出。

外国的组织或者个人来华测绘应当遵循以下三个原则：一是必须遵守中华人民共和国的法律、法规和国家有关规定；二是不得涉及中华人民共和国的国家秘密；三是不得危害中华人民共和国的国家安全。

五、外国组织或个人来华测绘的形式

《中华人民共和国测绘法》第七条规定，外国的组织或者个人在中华人民共和国领域从事测绘活动，必须与中华人民共和国有关部门或者单位依法采取合资、合作的形式进行。

《外国的组织或者个人来华测绘管理暂行办法》第六条对外国的组织或者个人来华测绘的形式进行了规定：一是合资、合作形式，即依照《中华人民共和国中外合资经营企业法》《中华人民共和国中外合作经营企业法》的规定设立合资、合作企业。合资、合作形式需要依法取得测绘资质，并在测绘资质证书规定的范围内从事测绘活动。二是一次性测绘形式，即经国务院及其有关部门或者省、自治区、直辖市人民政府批准，外国的组织或者个人来华开展科技、文化、体育等活动时，需要进行的测绘活动。外国的组织或者个人来华测绘只能采取上述两种形式。

《外国的组织或者个人来华测绘管理暂行办法》对外国人来华测绘形式的规定，不仅符合《中华人民共和国测绘法》的要求，也符合《外商投资产业指导目录》的要求。《外商投资产业指导目录》规定，测绘属于限制外商投资产业。

六、合资、合作企业申请测绘资质的条件

《外国的组织或者个人来华测绘管理暂行办法》规定合资、合作企业申请测绘资质应当具备下列三个条件：一是要符合《中华人民共和国测绘法》以及外商投资的法律法规的有关规定；二是符合《测绘资质管理规定》的有关要求；三是合资、合作企业须中方控股；四是已经依法进行企业登记，并取得中华人民共和国法人资格。

七、加强外国组织或个人来华测绘管理

近几年，外国人在华非法测绘案件有加剧之势（见图8-1）。2010年以来，各级测绘行政主管部门针对外国人来华测绘开展执法检查多次，对发现的外国人来华测绘违法案件也进行了依法查处，对外国人来华测绘活动的监管力度进一步加强。

近年来，一些境外组织和个人以工程技术人员等名义入境，"从事不相干的事"，在政治、经济、商业等方面带来隐患，尤其是信息技术安全。中国境内屡屡发生非法测绘案件，其中一些案件涉及国家军事机密，给国家安全埋下重大隐患。一些境外组织或人员利用在中国大陆成立合资公司或开展学术合作活动等方式，以水资源调查、登山探险、文物考古等为名，偷偷对我国交通要道、重点国防项目和军事设施等目标非法测绘，手法十分隐蔽。

图 8-1

2011年8月，有关部门接到群众举报，一名外国公民在新疆昌吉回族自治州玛纳斯县

某部队驻地附近,使用手持 GPS 接收机涉嫌非法采集我国地理信息坐标数据。

经查,该外国公民从北京来到新疆,拟申办旅游公司,在乌鲁木齐、昌吉回族自治州等地针对外国公民来新疆开展户外旅游而进行地理信息数据采集。该外国公民携带并使用了两台测量型手持 GPS 接收机,已采集和存储我国境内地理信息坐标数据 9 万余个。

新疆测绘行政主管部门认为,该外国公民违反了《中华人民共和国测绘法》以及《外国的组织或者个人来华测绘管理暂行办法》的有关规定,属于非法测绘活动。依据规定,对该外国公民做出停止违法测绘行为、没收测绘工具和测绘成果,并处相应数额罚款的行政处罚。

(案例引自《关于 2011 年测绘地理信息违法典型案件的通报》)

案例 8-3

2010 年 2 月 20 日,新疆塔城地区测绘行政主管部门接到群众举报,发现某外国公民携带手持 GPS 接收机在塔城地区进行测绘活动,立即进行了立案调查。经查,2010 年 1 月 31 日~2 月 18 日,该外国公民以旅游、环境考察为名,使用手持测量型 GPS 接收机采集我国境内地理信息坐标 598 个,其中有 588 个位于新疆,涉及塔城地区军事管理区的有 85 个。该外国公民未经国务院测绘行政主管部门批准,擅自开展一次性测绘活动,违反了《中华人民共和国测绘法》第七条和《外国的组织或者个人来华测绘管理暂行办法》第六条关于外国人来华测绘管理的有关规定。

2010 年 3 月 5 日,塔城地区测绘行政主管部门依据《中华人民共和国测绘法》第五十一条关于外国的组织或者个人未经批准在中华人民共和国领域和管辖的其他海域从事测绘活动的法律责任的有关规定,对该外国公民做出责令停止违法测绘行为,没收测绘工具和测绘成果,并处相应数额罚款的行政处罚。

(案例引自《国家测绘局通报 2010 年十大测绘违法典型案件》)

请查阅相关资料了解《中华人民共和国测绘法》第七条和《外国的组织或者个人来华测绘管理暂行办法》第六条关于外国人来华测绘管理的有关规定,《中华人民共和国测绘法》第五十一条关于外国的组织或者个人未经批准在中华人民共和国领域和管辖的其他海域从事测绘活动的法律责任的有关规定。

【知识链接】

《中华人民共和国测绘法》部分条文

第七条 外国的组织或者个人在中华人民共和国领域和管辖的其他海域从事测绘活动,必须经国务院测绘行政主管部门会同军队测绘主管部门批准,并遵守中华人民共和国的有关法律、行政法规的规定。

外国的组织或者个人在中华人民共和国领域从事测绘活动,必须与中华人民共和国有关部门或者单位依法采取合资、合作的形式进行,并不得涉及国家秘密和危害国家安全。

第五十一条　违反本法规定，有下列行为之一的，责令停止违法行为，没收测绘成果和测绘工具，并处 1 万元以上 10 万元以下的罚款；情节严重的，并处 10 万元以上 50 万元以下的罚款，责令限期离境；所获取的测绘成果属于国家秘密，构成犯罪的，依法追究刑事责任：

（一）外国的组织或者个人未经批准，擅自在中华人民共和国领域和管辖的其他海域从事测绘活动的；

（二）外国的组织或者个人未与中华人民共和国有关部门或者单位合资、合作，擅自在中华人民共和国领域从事测绘活动的。

《外国的组织或者个人来华测绘管理暂行办法》部分条文

第五条　来华测绘应当符合测绘管理工作国家秘密范围的规定。测绘活动中涉及国防和国家其他部门或者行业的国家秘密事项，从其主管部门的国家秘密范围规定。

第六条　外国的组织或者个人在中华人民共和国领域测绘，必须与中华人民共和国的有关部门或者单位依法采取合资、合作的形式（以下简称合资、合作测绘）。

前款所称合资、合作的形式，是指依照《中华人民共和国中外合资经营企业法》、《中华人民共和国中外合作经营企业法》的规定设立合资、合作企业。

经国务院及其有关部门或者省、自治区、直辖市人民政府批准，外国的组织或者个人来华开展科技、文化、体育等活动时，需要进行一次性测绘活动的（以下简称一次性测绘），可以不设立合资、合作企业，但是必须经国务院测绘行政主管部门会同军队测绘主管部门批准，并与中华人民共和国的有关部门和单位的测绘人员共同进行。

学习情境 9

保护测量标志人人有责

【学习目标】
1. 学会爱护公共财物。
2. 了解国家基础设施建设。
3. 理解测量标志的重要性。
4. 熟悉保护测量标志的责任和相关法规。

一、爱护公共财物

爱护公物是一个人高尚品质的体现,是一个人美好心灵的写照;爱护公物能显示一个学生的道德水准,体现一个团队的素质修养;爱护公物也是社会主义荣辱观的体现,社会主义荣辱观涵盖了爱国主义以及中国人民应有的行为规范和道德准则。

不知道你们是否发现,墙上又多了一道伤疤?不知道你们是否发现,课桌椅子伤痕累累?不知道你们是否发现,破损的门正在对破坏者投去哀怨的眼神?当同学们走过长长的走廊时,有没有人向伤痕累累的墙投去一丝目光?当同学们看见桌椅上的油渍和伤斑时,是不是无动于衷?当同学们进出教室时,是不是将门重重地关上?我相信,很少有人去留意它们的伤痕,也没有多少人会在意自己曾经随意破坏的行为。如果有人看看门上的伤痕,哪怕是不经意地扫过,也会从心底感到愧疚。细心观察就会发现,校园里破坏公物的现象比比皆是:有同学为求近路而不惜践踏草坪;踢球时不小心打碎了教室的门窗;户外运动中弄坏了校园里的公共桌椅、栏杆和垃圾桶;课桌椅上经常会看到各式各样的涂鸦……这些都无形中提醒着我们对于公共财物的忽视与爱护不善(见图9-1)。

"人无德而不立,国无德而不兴"。从大处看,公民道德的好坏体现了一个民族的精神状况,影响一个民族的事业兴衰。一个人的言行往往体现出个人素质的高低,进而影响整个集体的素质状况,也反映了一个国家的文明程度。在我国颁布的《公民道德建设实施纲要》中提出了以"文明礼貌,助人为乐,爱护公物,保护环境,遵纪守法"为主要内容的社会公德。作为中国公民应该按这个要求规范自己的行为。一个人只有在为社会、为人民、为集体利益而努力的过程中才能真正实现自己的价值。从小处说,爱护公物是我们作为学子砥砺德行的最具体体现,是学子追求"上善若水"境界的最具体体现。

图 9-1

二、国家基础设施

基础设施是指为社会生产和居民生活提供公共服务的物质工程设施,是用于保证国家或地区社会经济活动正常进行的公共服务系统。它是社会赖以生存发展的一般物质条件。

基础设施不仅包括公路、铁路、机场、通信、水电煤气等公共设施(见图9-2),即俗称的基础建设,而且包括教育、科技、医疗卫生、体育、文化等社会事业,即社会性基础设施。它们是国民经济各项事业发展的基础。

图 9-2

在现代社会中,经济越发展,对基础设施的要求越高;完善的基础设施对加速社会经济活动,促进其空间分布形态演变起着巨大的推动作用。建立完善的基础设施往往需要较长时间和巨额投资。对新建、扩建项目，特别是远离城市的重大项目和基地建设，更需要优先发展基础设施，以便项目建成后尽快发挥效益。

基础设施所提供的公共服务是所有商品与服务的生产所必不可少的，若缺少这些公共服务，则其他商品与服务（主要指直接生产经营活动）便难以生产或提供。

建设和改造城市基础设施时，必须合理利用自然资源，保护生态环境。城市基础设施在形态上具有固定性，实物形态上大都是永久性建筑，供城市生产和居民生活长期使用，不能经常更新，更不能随意拆除废弃。

三、测量标志概述

测量标志（Survey Mark）是标定地面测量控制点位置的标石、觇标以及其他用于测量的标记物的通称，是测绘部门在测量时建立和测量后留存在地面、地下或者建筑物上的各种标志。每一个测量标志都经过精确的测量、计算，求出它在地面上的平面位置和海拔高程数据。

新中国成立以来，测绘部门在全国建立了几十万座永久性测量标志，包括各等级的三角点、基线点、导线点、重力点、天文点、水准点、全球卫星定位点的木质觇标、钢质觇标和标石以及用于地形测图、工程测量、形变测量、地籍测量、境界测绘的固定标志和海底大地点设施，是广大测绘工作者辛勤劳动的结果。

测量标志分为永久性测量标志和临时性测量标志。永久性测量标志是指各等级的三角点、基线点、导线点、军用控制点、重力点、天文点、水准点和全球卫星定位点的木质觇标、钢质觇标和标石标志，以及用于地形测图、工程测量和形变测量的固定标志和海底大地点设施。临时性测量标志是指测绘单位在测量过程中设置和使用，工作结束后不需要长期保存的标志和标记，如测站点木桩、活动观标、测旗、测杆、航空摄影地面标志、在地面或建（构）筑物上的标记等。

永久性测量标志无论是建在地上，还是地下或者在建筑物上，都属于永久保护范围。

三角点是指在地球表面，按测量规范的要求选定一系列的点，以这些点为顶点的三角形互相连接在一起组成三角网（锁），在点上设置永久性测量标志，以便进行观测。每个三角点都要绘制点之记，通过测量算得三角点的坐标成果，为国民经济建设和地形测绘提供基本的平面控制，为研究地球形状、地壳形变、地震预报、地球重力场、空间科学技术等提供必要的资料。

采用精密的测量距离的仪器、技术和方法，直接测量一段或若干段直线的长度，作为起算数据或检校标准，这样的线称为基线。基线的端点通常设置永久性测量标志表示其点位，这样的点称为基线点。例如，长度基线检定场是用于检校电磁波、激光测距仪的野外场所。测距仪等仪器在经过一定时间的使用后，其内部零件将老化、衰变，并严重影响测距的精度，通过基线检定与真实长度的比对，来查找改正数并发现仪器的问题，以保证测量的精度。

在地面上选系列的点（通常在点上设置测量标志），连成折线，依次测量各折线边的长度和转折角，这条线称为导线，这些点称为导线点。

重力点是用于测量重力加速度的点。重力是地球引力和地球自转所产生的离心力的合力。重力测量的成果可以将各种大地测量的成果准确地归算到椭球面上。重力观测值能准确反演地壳内部物质分布和移动状况，是石油、矿产资源勘探的重要手段，是地震预报的有效手段之一，同时对导弹、人造卫星的发射、轨道计算提供必需的导航参数。

天文点是用天文测量的方法测定的地面点，用来通过观测天体和进行相应的理论推算，确定观测地点的天文经度和纬度以及某一方向的方位角。

水准点是用水准测量方法测定的高程控制点，主要为地形测绘和水利、道路、矿山开采、农业规划城市建设等工程测量提供精确的高程控制，同时，它还是地球科学研究、地面沉降、地震监测、大型建设工程放样及地面形变监测等领域的重要技术手段。

全球卫星定位点是利用卫星定位技术所测制的控制点。

觇标是为了方便点与点之间相互观测，在三角点上建造的永久性支架。根据结构和材料不同，觇标可分为串形标、寻常标、双锥标、复合标、钢标、墩标等类型。用木质制作的觇标称为木质觇标，用钢材制作的觇标称为钢质觇标。

标石是表示点的位置的永久性测量标志，一般用混凝土或花岗石、青石等坚硬石料制成，埋于地下或部分露出地面。

四、测量标志的重要性

为了进行国民经济建设和国防建设的需要，国家各测绘单位和军事测绘部门在全国各地进行测量而布设和建造了大量测量标志，包括三角点、水准点、导线点、全球卫星定位点、天文点、重力点、基线点、军用控制点的木质觇标、钢质觇标和标石、标志等，如图9-3所示。

图 9-3

这些测量标志在各种建设中是不可缺少的一项基本设施，它是测绘地形图的重要基础，又为工程设计、房屋建筑、道路施工、水利防洪、国防建设、地震监测及科学研究等提供了精确的数据。测量标志是长期使用的永久性标志，是国家的重要设施和宝贵财产，受国家法律保护。

测量标志是各项工程建设、国防建设过程中不可缺少的设计、施工放样的依据，也是测绘各种比例尺地形图的基础。测绘资料是城市规划建设、市政道路建设、电力、通信、供水、排污、兴修水利及抗洪涝灾害、地震监测预报等减灾防灾手段中不可缺少的数据依据，测绘工作离不开测量标志。总之，小到建筑一幢楼房，大到发射导弹、航天探测，都离不开测量标志。

五、保护测量标志

测量标志经过精心建造埋设之后，测量技术人员顶风雨烈日、冒严寒酷暑，流汗甚至流血牺牲，经过外业测量、内业严格计算核对，花费了大量的人力、物力、财力，才得到每一个测量标志一一对应的一系列宝贵的测量数据。

测量标志是国家花费了巨大的财力、人力、物力才得到的，不同等级的测量标志仅建造埋设、观测计算的费用，就少则几千元、多则数万元，而对于长期观测诸如地震监测、防洪监测、水库大坝变形监测等用途的测量标志，其数据价值远远超过了标志本身的造价，可以说是价值连城。

测量标志一旦遭到损坏（哪怕是丝毫轻微的移动），它所具有的数据就宣告失效，特别是一些依据该测量标志进行长期连续观测的测量工程，将前功尽弃，而像进行地震监测、防洪监测、水库大坝变形监测等测量点的损坏，造成的损失是无法估量的。

因此，测量标志受到国家法律的保护，损坏或破坏永久性测量标志，公安机关将依法予以治安处罚，构成犯罪的，司法机关将依法追究刑事责任。所以，每个公民应当知道：测量标志动不得，损坏或破坏测量标志将会受罚，甚至会坐牢。

测量标志是国家建设的宝贵财产，而且与每位公民的生活密切相关。测量标志本身并不神秘，但它受国家法律保护，保护测量标志人人有责（见图9-4）。

图 9-4

 议一议

2015年3月，广东省某市一个C级GPS点被损毁，经查系某公民在平整土地施工时，用铲车将埋在地下的测量标志标石挖出，导致其失去使用效能。该公民的行为违反了《中华人民共和国测绘法》和《中华人民共和国测量标志保护条例》关于测量标志保护的有关规定。2015年6月，该市国土资源局（测绘局）依据《中华人民共和国测绘法》和《中华人民共和国测量标志保护条例》关于损毁测量标志法律责任的有关规定，对该公民进行了教育并给予相应数额罚款的行政处罚。或许该公民想不通，挖出一个不起眼的测量标志标石为何受罚。但或许他更想不到的是，他的这一违法行为所暴露出的问题和危害，足以令我们每个人警醒和深思。

问题①：公民个人挖出测量标志为什么要受罚？

问题②：公民个人挖出一个不起眼的测量标志暴露出什么问题足以让我们每个人警醒和深思？

案例 9-1

2012年9月，新疆新源县国土资源局阿热勒托别镇国土资源所在进行测量标志巡查时发现，新源县某公司在建设施工时损坏了测量标志。接到报案后，新源县国土资源局测绘办及土地执法监察大队迅速进行了实地勘察。经查，该测量标志为国家一等水准点，点名为"Ⅰ五库71"，属于国家永久性测量标志。新源县某公司在进行施工作业时，对该测量标志进行了破坏。

2012年9月20日，新源县国土资源执法监察大队依据《中华人民共和国测绘法》第五十条关于违反测量标志保护规定应承担的法律责任的相关规定，对新源县某公司做出3万元罚款的行政处罚。

（案例引自《新源县查处一起国家测量标志破坏案件》）

案例 9-2

2012年3月，江苏省金湖县测绘行政主管部门接到对淮安市某建设工程有限公司因工程施工，拆除重建位于淮河入江水道塔集镇的测量标志点的举报。经查实，淮安市某建设工程有限公司在承担水利部淮河入江水道整治工程建设过程中，因Ⅳ苏测505水准点位置处于工程施工范围，影响工程建设，于是施工单位对该标志点进行了私自拆除重建的违法行为，严重破坏了该水准点的精确性和科学性，在当地造成一定影响。该行为违反了《中华人民共和国测绘法》第三十五条关于测量标志保护的有关规定。对此，金湖县测绘行政主管部门在向淮安市局及时报告的同时，对该公司的违法行为进行了严肃批评，并要求该公司认真接受调查处理的意见。经沟通协调，该公司深刻检查，接受处罚，及时补办迁建手续并主动承担了测量标志点所需迁建费用及后期维护费用。

考虑到淮河入江水道工程建设需要等因素，淮安市国土资源局下达了《关于同意对Ⅳ苏测505水准点作迁建处理的批复》文件，该水准点的迁建工作按照相关技术规范要求进行了复建，保证了各建设单位使用的基础设施符合国家规定的测绘基准和测绘标准，较好地为地方经济社会发展提供了强有力的基础设施保障与服务。

（案例引自《金湖县查处一起测量标志损坏案件》）

请查阅相关资料了解《中华人民共和国测绘法》第三十五条、《中华人民共和国测量标志保护条例》第二十二条关于任何单位和个人不得损毁或者擅自移动测量标志的有关规定，《中华人民共和国测绘法》第五十条、《中华人民共和国测量标志保护条例》第二十三条关于损毁或者擅自移动永久性测量标志的法律责任的有关规定。

【知识链接】

《中华人民共和国测绘法》中有关测量标志的规定

第三十五条　任何单位和个人不得损毁或者擅自移动永久性测量标志和正在使用中的临

时性测量标志，不得侵占永久性测量标志用地，不得在永久性测量标志安全控制范围内从事危害测量标志安全和使用效能的活动。

本法所称永久性测量标志，是指各等级的三角点、基线点、导线点、军用控制点、重力点、天文点、水准点和卫星定位点的木质觇标、钢质觇标和标石标志，以及用于地形测图、工程测量和形变测量的固定标志和海底大地点设施。

第三十六条 永久性测量标志的建设单位应当对永久性测量标志设立明显标记，并委托当地有关单位指派专人负责保管。

第五十条 违反本法规定，有下列行为之一的，给予警告，责令改正，可以并处五万元以下的罚款；造成损失的，依法承担赔偿责任；构成犯罪的，依法追究刑事责任；尚不够刑事处罚的，对负有直接责任的主管人员和其他直接责任人员，依法给予行政处分：

（一）损毁或者擅自移动永久性测量标志和正在使用中的临时性测量标志的；

（二）侵占永久性测量标志用地的；

（三）在永久性测量标志安全控制范围内从事危害测量标志安全和使用效能的活动的；

（四）在测量标志占地范围内，建设影响测量标志使用效能的建筑物的；

（五）擅自拆除永久性测量标志或者使永久性测量标志失去使用效能，或者拒绝支付迁建费用的；

（六）违反操作规程使用永久性测量标志，造成永久性测量标志毁损的。

《中华人民共和国测量标志保护条例》摘录

第二十一条 永久性测量标志的重建工作，由收取测量标志迁建费用的部门组织实施。

第二十二条 测量标志受国家保护，禁止下列有损测量标志安全和使测量标志失去使用效能的行为：

（一）损毁或者擅自移动地下或者地上的永久性测量标志以及使用中的临时性测量标志的；

（二）在测量标志占地范围内烧荒、耕作、取土、挖沙或者侵占永久性测量标志用地的；

（三）在距永久性测量标志 50m 范围内采石、爆破、射击、架设高压电线的；

（四）在测量标志的占地范围内，建设影响测量标志使用效能的建筑物的；

（五）在测量标志上架设通讯设施、设置观望台、搭帐篷、拴牲畜或者设置其他有可能损毁测量标志的附着物的；

（六）擅自拆除设有测量标志的建筑物或者拆除建筑物上的测量标志的；

（七）其他有损测量标志安全和使用效能的。

第二十三条 有本条例第二十二条禁止的行为之一，或者有下列行为之一的，由县级以上人民政府管理测绘工作的部门责令限期改正，给予警告，并可以根据情节处以 5 万元以下的罚款；对负有直接责任的主管人员和其他直接责任人员，依法给予行政处分；造成损失的，应当依法承担赔偿责任：

（一）干扰或者阻挠测量标志建设单位依法使用土地或者在建筑物上建设永久性测量标志的；

（二）工程建设单位未经批准擅自拆迁永久性测量标志或者使永久性测量标志失去使用效能的，或者拒绝按照国家有关规定支付迁建费用的；

（三）违反测绘操作规程进行测绘，使永久性测量标志受到损坏的；

（四）无证使用永久性测量标志并且拒绝县级以上人民政府管理测绘工作的部门监督和负责保管测量标志的单位和人员查询的。

第二十四条　管理测绘工作的部门的工作人员玩忽职守、滥用职权、徇私舞弊的，依法给予行政处分。

学习情境 10

测绘成果保管及使用

【学习目标】
1. 认识测绘成果及其重要作用。
2. 掌握测绘成果的汇交管理。
3. 掌握测绘成果的保管。
4. 熟悉测绘成果如何提供利用及其收费制度。
5. 熟悉重要地理信息数据的审核与公布。

一、测绘成果概述

成果常用于指工作或事业方面的成就,指学习、工作、劳动上的成效和成绩。

测绘成果是指各类测绘活动形成的记录和描述自然地理要素或者地表人工设施的形状、大小、空间位置及其属性的地理信息、数据、资料、图件和档案。

测绘成果分为基础测绘成果和非基础测绘成果。基础测绘成果包括:

1) 为建立全国统一的测绘基准和测绘系统进行的天文测量、三角测量、水准测量、卫星大地测量、重力测量所获取的数据、图件。
2) 基础航空摄影所获取的数据、影像资料。
3) 遥感卫星和其他航天飞行器对地观测所获取的基础地理信息遥感资料。
4) 国家基本比例尺地图、影像图及其数字化产品。
5) 基础地理信息系统的数据、信息等。

二、测绘成果的重要作用

测绘成果是国家重要的基础性信息资源,作为测绘成果主要表现形式的基础地理信息是数据量最大、覆盖面最宽、应用面最广的战略性信息资源之一,基础地理信息资源的规模、品种和服务水平等已经成为国际信息化水平的一个重要标志。从测绘成果本身的含义及应用范围等方面来看,测绘成果具有科学性、保密性、系统性、专业性等特征。

测绘通过提供基础地理信息数据,广泛服务于经济建设、国防建设、科学研究、文化教育、行政管理、人民生活等许多领域,是国民经济与社会发展必不可少的基础性、前期性、公益性事业。特别是基础测绘成果,它是国家重要的战略性资源,同国家主权与安全、民族安危和人民生活息息相关。

许多行业生产出来的产品可以自产自销，但测绘行业则不同。相对于其他行业而言，测绘工作是辅助的、基础的。测绘行业生产出来的产品，如地图、数字化测绘成果等，必须服务于其他行业才能体现出它的作用。同样，离开测绘的保障服务，其他行业的发展也将受到限制。测绘在经济社会发展中发挥的重要作用是其他任何行业都无法替代的，过去如此，现在和将来都是如此。在战争年代，行军打仗离不开地图；在经济建设时期，城市规划、地质找矿、涉及地学的科学研究、国防建设以及各项经济建设都离不开测绘保障服务；特别是在现在的知识经济与信息时代，测绘以其特有的地理信息优势，服务领域涉及经济社会发展的方方面面，在政府行政管理、各项经济建设、国防建设、人民生活以及电子政务、信息化建设等方面发挥着越来越重要的作用。

三、汇交成果

测绘项目出资人往往是测绘成果的所有者，按照未经所有权人同意不得随意处分其财产的民法理念，只有具有测绘成果处分权的出资人才有资格实际履行测绘成果汇交义务，因此《中华人民共和国测绘法》明确测绘项目所形成的测绘成果的汇交义务人为出资人。

中央财政投资完成的测绘项目，由承担测绘项目的单位向国务院测绘地理信息行政主管部门汇交测绘成果资料。

地方财政投资完成的测绘项目，由承担测绘项目的单位向测绘项目所在地的省、自治区、直辖市人民政府测绘地理信息行政主管部门汇交测绘成果资料。

使用其他资金完成的测绘项目，由测绘项目出资人向测绘项目所在地的省、自治区、直辖市人民政府测绘地理信息行政主管部门汇交测绘成果资料。

测绘成果属于基础测绘成果的，应当汇交副本；属于非基础测绘成果的，应当汇交目录。测绘成果的副本和目录实行无偿汇交。

必须汇交的成果具体内容见《关于汇交测绘成果目录和副本的实施办法》第四条（汇交目录）、第五条（汇交副本）。

测绘项目出资人或者承担国家投资的测绘项目的单位应当自测绘项目验收完成之日起3个月内，向测绘地理信息行政主管部门汇交测绘成果副本或者目录。属于基础测绘项目的，应当汇交测绘成果副本；属于非基础测绘项目的，应当汇交测绘成果目录。测绘地理信息行政主管部门应当在收到汇交的测绘成果副本或者目录后，出具汇交凭证。测绘地理信息行政主管部门自收到汇交的测绘成果副本或者目录之日起10个工作日内，应当将其移交给测绘成果保管单位。国务院测绘地理信息行政主管部门和省、自治区、直辖市人民政府测绘地理信息行政主管部门应当定期编制测绘成果资料目录，向社会公布。

四、测绘成果的保管

测绘成果保管单位应当建立健全测绘成果资料的保管制度，配备必要的设施，确保测绘成果资料的安全。测绘成果资料的存放设施与条件，应当符合国家保密、消防及档案管管理的有关规定和要求。

对基础测绘成果资料实行异地备份存放制度。

测绘成果保管单位应当按照规定保管测绘成果资料，不得损毁、散失、转让。测绘项目的出资人或者承担测绘项目的单位，应当采取必要的措施，确保其获取的测绘成果的安全。测绘科技档案只提供复制品，不提供原件，必须使用原件时，经领导批准，只能借用，对借用的测绘科技档案要保持清洁、完整无损并及时归还。

各单位应按照集中统一管理科技档案的基本原则，建立、健全工作制度，保证测绘科技档案的完整、准确、系统、安全和有效利用。各级测绘科技档案保管部门应按照完整、准确、系统、安全的要求，定期检查档案的保管状况，了解测绘科技档案的利用情况，防止档案材料的破损、变质，对已破损或变质的档案要按有关规定及时修复、复制或销毁，并报上级主管部门备案。档案管理人员应当忠于职守，严格执行档案管理的各项规章制度，负有保证档案完整与安全的责任。为确保测绘科技档案的安全和有效利用，应设置符合档案库房建筑规范要求的专用库房。

凡是几个单位分工协作完成的测绘科技项目或工程，由主办单位保存一套完整档案。协作单位可以保存与自己承担任务有关的档案正本，但应将副本或复制本送交主办单位保存。保管期限分为永久、长期（15~20年）、短期（15年以内）。

未满保存期限的档案，任何单位和个人不得以任何借口加以涂改、伪造和损坏。

销毁已满保存期限的测绘科技档案，须经单位领导批准并造具清册，注明档案名称、编号、数量、来源、编制或出版单位、时间、销毁原因等，清册封面应有监销人、批准人、经办人、销毁日期，还应报上级主管部门备案。

五、测绘成果提供利用

县级以上人民政府测绘地理信息行政主管部门应当积极推进公众版测绘成果的加工和编制工作，并鼓励公众版测绘成果的开发利用，促进测绘成果的社会化应用。

使用财政资金的测绘项目和使用财政资金的建设工程测绘项目，有关部门在批准立项前应当书面征求本级人民政府测绘行政主管部门的意见。测绘地理信息行政主管部门应当自收到征求意见材料之日起10日内，向征求意见的部门反馈意见。有适宜测绘成果的，应当充分利用已有的测绘成果，避免重复测绘。

基础测绘成果使用要求如下：

1）保密要求。被许可使用人必须根据基础测绘成果的密级按国家有关保密法律法规的要求使用，并采取有效的保密措施，严防泄密。

2）范围限制。被许可使用人所领取的基础测绘成果仅限于在本单位的范围内，按其申请并经批准的使用目的使用。本单位以被许可使用人在企业登记主管机关、机构编制主管机关或者社会团体登记管理机关的登记为限，不得扩展到所属系统和上级、下级或者同级其他单位。

3）委托限制。被许可使用人若委托第三方开发，则项目完成后，负有督促其销毁相应测绘成果的义务。第三方为外国组织和个人以及在我国注册的外商独资企业和中外合资、合作企业的，被许可使用人应当履行对外提供我国测绘成果的审批程序，依法经国务院测绘地理信息行政主管部门或者省、自治区、直辖市测绘地理信息行政主管部门批准后，方可委托。

4）著作权标示。被许可使用人应当在使用基础测绘成果所形成的成果的显著位置注明基础测绘成果版权的所有者。

5）重新申请。被许可使用人主体资格发生变化时，应向原受理审批的测绘地理信息行政主管部门重新提出使用申请。

6）境外传输禁止。未经国务院测绘地理信息行政主管部门的批准，任何部门、单位和个人不得将未公开的国家基础地理信息数据携带或者邮寄出境，不得以任何方式将其传输至境外。

基础测绘成果申请使用需要有明确、合法的使用目的；申请的基础测绘成果范围、种类、精度应与使用目的相一致，并应符合国家的保密法律法规及政策。申请使用基础测绘成果，应当提交基础测绘成果使用申请表及加盖有关单位公章的证明函（证明函出具要求见《基础测绘成果提供使用管理暂行办法》第九条），属于各级财政投资的项目，须提交项目批准文件。具体材料内容见《国家涉密基础测绘成果资料提供使用审批程序规定》第三条。

测绘地理信息行政主管部门审查同意的，应当以书面形式告知测绘成果的秘密等级、保密要求以及相关著作权保护要求。经测绘地理信息行政主管部门批准准予使用基础测绘成果的，被许可使用人持批准文件到指定的测绘成果资料保管单位领取。测绘成果资料保管单位应当按照批准文件的内容，及时向被许可使用人提供基础测绘成果。其中，提供基础地理信息数据的，需与被许可使用人签订基础地理信息数据提供使用许可协议。提供全国范围的国家基础地理信息数据的，必须报经国务院测绘地理信息行政主管部门批准。未经批准，提供单位不得以签订多个使用许可协议的形式，将全国范围的国家基础地理信息数据分解提供给同一个使用部门或者单位。基础地理信息数据提供使用许可协议是非独占和不可转让的。使用许可协议文本由国务院测绘地理信息行政主管部门负责制定。

基础测绘成果应急提供应当遵循以下原则：

1）时效性。及时提供应对突发事件所需的各种基础测绘成果。

2）安全性。按照国家保密法律法规的相关要求提供基础测绘成果，确保国家秘密安全。

3）可靠性。所提供基础测绘成果的范围、种类、数量等应当与所需一致，各种相关资料应当一致。

4）无偿性。应对突发事件所需的基础测绘成果无偿提供使用。

申请基础测绘成果应急服务，采用简化申请程序的方式办理。申请人可先打电话向相应测绘地理信息行政主管部门提出要求，再以加盖本部门印章的传真形式如实提交应急申请材料，主要包括突发事件的概况以及所需测绘成果的范围、种类、数量等。

各级测绘地理信息行政主管部门应当当场或者在4小时内完成基础测绘成果应急服务申请的审核与批复，明确并及时通知相关测绘成果保管单位。基础测绘成果不能满足应对突发事件需求时，测绘地理信息行政主管部门应予以说明，并提出有关应急解决方案。

应急基础测绘成果使用限制如下：

1）被许可使用人应当严格按照国家有关保密和知识产权等法律法规的要求保管和使用

基础测绘成果。

2）因应对突发事件领（调）用的基础测绘成果，不得另作他用。

六、测绘成果使用收费制度

基础测绘成果和财政投资完成的其他测绘成果，用于国家机关决策和社会公益性事业的，应当无偿提供。除用于国家机关决策和社会公益性事业外，测绘成果依法实行有偿使用制度。但是，各级人民政府及其有关部门和军队因防灾、减灾、国防建设等公共利益的需要，可以无偿使用测绘成果。依法有偿使用测绘成果的，使用人与测绘项目出资人应当签订书面协议，明确双方的权利和义务。

七、重要地理信息数据的审核与公布

《中华人民共和国测绘成果管理条例》规定："国家对重要地理信息数据实行统一审核与公布制度。任何单位和个人不得擅自公布重要地理信息数据。"

重要地理信息数据的范围如下：

1）国界、国家海岸线长度。

2）领土、领海、毗连区、专属经济区面积。

3）国家海岸滩涂面积、岛礁数量和面积。

4）国家版图的重要特征点，地势、地貌分区位置。

5）国务院测绘地理信息行政主管部门商国务院其他有关部门确定的其他重要自然和人文地理实体的位置、高程、深度、面积、长度等地理信息数据。

6）涉及国家主权、政治主张的地理信息数据。

7）拟冠以"全国""中国""中华""国家"等字样的地理信息数据。

8）经相邻省级人民政府联合勘定并经国务院批复的省级界线长度及行政区域面积，沿海省、自治区、直辖市海岸线长度。

9）法律法规规定以及需要由国务院测绘地理信息行政主管部门审核的其他重要地理信息数据。

提出公布重要地理信息数据建议的单位或者个人，应当向国务院测绘地理信息行政主管部门或者省、自治区、直辖市人民政府测绘地理信息行政主管部门报送建议材料。省级人民政府测绘地理信息行政主管部门应当在 10 个工作日内将建议转报国务院测绘地理信息行政主管部门。国务院测绘地理信息行政主管部门应当组织对建议人提交的重要地理信息数据进行审核。国务院测绘地理信息行政主管部门应当会同国务院有关部门、军队测绘主管部门，对通过审核的重要地理信息数据公布的必要性、公布部门等内容进行会商，并向国务院上报公布建议。国务院批准公布的重要地理信息数据，由国务院或者国务院授权的部门以公告形式公布。公告在全国范围内发行的报纸或者互联网上刊登。

在行政管理、新闻传播、对外交流、教学等对社会公众有影响的活动中，需要使用重要地理信息数据的，应当使用依法公布的重要地理信息数据。

对擅自公布重要地理信息数据的或者在对社会公众有影响的活动中使用未经依法公布的

重要地理信息数据的，由测绘地理信息行政主管部门或者其他有关部门依据职责责令改正，给予警告，可以处 10 万元以下的罚款；对直接负责的主管人员和其他直接责任人员，依法给予处分。

案例 10-1

2010 年 5 月，吉林省测绘地理信息行政主管部门接到举报，反映吉林省某研究院涉嫌违法提供涉密地形图，遂立即组织开展立案调查。经查，2009 年 4 月，吉林省某研究院未经测绘地理信息行政主管部门批准，擅自将 1∶50000 机密级地形图借给合作方某公司。同年 11 月，该院工作人员又擅自扫描 2 幅 1∶50000 机密级地形图，并以特快专递方式邮寄给该合作方。

吉林省某研究院的行为，违反了《中华人民共和国测绘法》第二十九条、《中华人民共和国测绘成果管理条例》第四条关于涉密测绘成果管理的有关规定，给国家安全造成了隐患。

2011 年 11 月，吉林省测绘地理信息行政主管部门依据《中华人民共和国测绘法》和《中华人民共和国测绘成果管理条例》关于擅自复制、转让或者转借测绘成果法律责任的有关规定，给予吉林省某研究院责令停止违法行为，并处相应数额罚款的行政处罚。

（案例引自《关于 2011 年测绘地理信息违法典型案件的通报》）

请查阅相关资料了解《中华人民共和国测绘法》第二十九条、《中华人民共和国测绘成果管理条例》第四条关于涉密测绘成果管理的有关规定。

【知识链接】

《中华人民共和国测绘法》部分条文

第二十九条　测绘成果保管单位应当采取措施保障测绘成果的完整和安全，并按照国家有关规定向社会公开和提供利用。

测绘成果属于国家秘密的，适用国家保密法律、行政法规的规定；需要对外提供的，按照国务院和中央军事委员会规定的审批程序执行。

第三十条　使用财政资金的测绘项目和使用财政资金的建设工程测绘项目，有关部门在批准立项前应当征求本级人民政府测绘行政主管部门的意见，有适宜测绘成果的，应当充分利用已有的测绘成果，避免重复测绘。

《中华人民共和国测绘成果管理条例》部分条文

第三条　国务院测绘行政主管部门负责全国测绘成果工作的统一监督管理。国务院其他有关部门按照职责分工，负责本部门有关的测绘成果工作。

县级以上地方人民政府负责管理测绘工作的部门（以下称测绘行政主管部门）负责本行政区域测绘成果工作的统一监督管理。县级以上地方人民政府其他有关部门按照职责分工，负责本部门有关的测绘成果工作。

第四条　汇交、保管、公布、利用、销毁测绘成果应当遵守有关保密法律、法规的规定，采取必要的保密措施，保障测绘成果的安全。

学习情境 11

涉密测绘成果的使用

【学习目标】
1. 理解秘密、商业秘密、国家秘密、工作秘密的概念。
2. 了解各类涉密保密工作中存在的问题。
3. 熟悉涉密测绘成果的重要性。
4. 掌握涉密测绘成果的使用管理。

一、秘密的含义

所谓秘密，是与公开相对而言的，就是个人或集团在一定的时间和范围内，为保护自身的安全和利益，需要加以隐蔽、保护、限制，不让外界客体知悉的事项的总称。构成秘密的基本要素有三点：一是隐蔽性；二是莫测性；三是时间性。一般来说，秘密都是暂时的、相对的和有条件的，这是由秘密的性质所决定的。

二、商业秘密的含义

《中华人民共和国反不正当竞争法》第十条规定："本条所称的商业秘密，是指不为公众所知悉、能为权利人带来经济利益、具有实用性并经权利人采取保密措施的技术信息和经营信息。"它主要包括：①商业工作规划、计划，重要商品的储备计划、库存数量、购销平衡数字，票据的防伪措施，财务会计报表；②军用商品的库存量、供应量、调拨数量、流向；③商品进出口意向、计划、报价方案，标底资料，外汇额度，疫病检验数据；④特殊商品的生产配方、工艺技术诀窍、科技攻关项目和秘密获取的技术及其来源，通信保密保障等。

三、国家秘密的含义

国家秘密是关系国家的安全和利益，依照法定程序确定，在一定时间内只限一定范围的人员知悉的事项。关系国家的安全和利益是指秘密事项如被不应知悉者所知，对国家的安全和利益将造成各种损害后果。依照法定程序确定是指国家赋予一定管理职权的单位，根据国家秘密及其密级具体范围的规定，对该事项履行确定密级的手续后，该事项才能作为国家秘密受国家有关法规的认可和保护，特殊情况下，需经有关保密工作部门审定后，确定为密或非密以及属于何种密级。任何不经法定程序产生的秘密事项，都不是国家秘密。在一定时间内只限一定范围的人员知悉，是相对于公开而言的，即尚未公开且被人们加以保密的事项，就是对国家秘密在保密时间和接触范围上的控制，擅自公开或擅自扩大接触范围就是泄密。《中华人民共和国保守国家秘密法》规定，国家秘密包括下列秘密事项：

1）国家事务的重大决策中的秘密事项。
2）国防建设和武装力量活动中的秘密事项。
3）外交和外事活动中的秘密事项以及对外承担保密义务的事项。
4）国民经济和社会发展中的秘密事项。
5）科学技术中的秘密事项。
6）维护国家安全活动和追查刑事犯罪中的秘密事项。
7）经国家保密工作部门确定的其他秘密事项。

政党的秘密事项中，符合国家秘密诸要素的，属于国家秘密。国家秘密的密级划分如下：

1）绝密级。绝密级国家秘密是最重要的国家秘密，泄露会使国家安全和利益遭受特别严重的损害。
2）机密级。机密级国家秘密是重要的国家秘密，泄露会使国家安全和利益遭受严重的损害。
3）秘密级。秘密级国家秘密是一般的国家秘密，泄露会使国家安全和利益遭受损害。

国家秘密的保密期限除另有规定外，绝密级不超过30年，机密级不超过20年，秘密级不超过10年。

需要注意的是，不属于国家秘密的，不应当做出国家秘密标志。

四、工作秘密的含义

工作秘密是在国家公务活动中产生的，不属于国家秘密而又不宜于对外公开的秘密事项。它有以下三个特征要素：

1）工作秘密是各级国家机关产生的事项。
2）工作秘密是涉及国家机关的公务活动和内部管理的事项。
3）工作秘密是不属于国家秘密，又不宜公开的事项。

五、当前各类涉密保密工作中存在的主要问题

在工程勘测设计等民用领域中常常会用到大量的涉密资料，如测绘资料、地质资料和水文资料等，以及相应产生的大量的密级档案。涉密测绘资料因其本身含有大量的军事要素的特殊性，使得民用领域涉密测绘成果保密工作的形势相当严峻，涉密测绘成果的管理也是国家保密管理工作的重要组成部分。

1. 测绘资料

从国家测绘部门申领的测绘资料除了比例尺为 1∶50000 和控制成果为机密级外，其他大多为秘密级资料。在工程勘测设计工作中，相当一部分设计人员对涉密测绘资料保密工作重视不够，认识模糊，测绘资料违规使用和丢失的现象时有发生。部分工程技术人员对测绘资料保密工作认识不足，甚至存在一些错误的认识，有的人认为，在和平年代谈保密是冷战思维，在航天遥感和卫星定位技术广泛应用于测绘行业的今天，测绘资料中的地形和坐标参数已无密可保。殊不知从太空获取地面的地形和坐标参数等信息，其精度和内容都无法与从国家测绘部门处申领的相提并论，要从太空获取地面精确的地形和坐标参数信息，除了有目标、有针对性的专项测量外，绝大部分能得到的信息都不能应用于工程勘测设计工作中，更说不上应用于军事用途，但正是这种错误认识直接导致了保密观念的淡化，使得测绘资料的保密制度得不到有效的落实，给涉密测绘成果的保密工作造成了危害。

2. 地质资料

地质资料在工程项目建设、地质环境保护、防灾减灾等工作中具有巨大作用。加强地质资料管理意义重大。比例尺 1∶20 的地质资料大多数为机密级，且保密期限为永久，对这部分涉及国家秘密的地质资料的保护和利用，应当按照《中华人民共和国保守国家秘密法》的有关规定执行，但在实际工作中，为了经济效益和时间效益，经常会出现相互违规提供地质资料的现象。

3. 水文资料

水文资料保密工作是一项重要的基础性工作。水文资料是防汛抗旱和水资源开发、利用与保护工作的重要依据，特别是其中的一些机密级水文资料，对经济建设更具有重要意义。然而，一些水文机构在水文资料的提供环节中把关不严，甚至利用互联网不加密地转送。这些机密级的水文资料，若在尚未解密之前就泄密，将在一定程度上给国家利益造成危害。从这个意义上讲，水文资料保密工作应引起高度重视。

六、涉密测绘成果的重要性

在我国地理信息市场迅速发展的同时，市场中出现的问题也日益突出。一些单位和个人由于法制观念和安全保密意识淡薄，未取得测绘资质或超越资质许可范围从事测绘活动的行为时有发生，一些违法测绘行为导致涉密地理信息失泄密事件时有发生；一些互联网地图服务网站通过上传、标注功能，泄露我国重要地理信息数据或军事情报；一些外国的组织或者个人通过隐蔽手段窃取我国重要地理信息数据，甚至在我国军事禁区、军事管理区非法采集地理信息数据。这些都给我国国家安全和利益埋下了严重隐患。

地理信息是国家信息资源的重要组成部分，广泛应用于经济建设和国防建设领域，其中很多属于国家秘密信息，直接关系国家的主权、安全和利益，一些重要地理信息如果泄露，其危害将巨大而深远。在国防安全层面，重要敏感目标的地理坐标和高程数据、重要目标区域的影像和全球重力场数据等,是远程战略武器、精密制导炸弹等精确军事打击必不可少的数据支撑,一旦泄露将对我国国防安全构成潜在危害。在经济利益层面,一些重要基础设施或能源、矿产、地质等相关地理信息,一旦被外国情报机构掌握,使外方了解我国国情国力等信息,从而采取多种有针对性的战略措施,使我国在国际竞争中处于被动地位,损害我国国家战略利益。

七、涉密测绘成果的使用管理

为加强测绘成果管理,我国已经建立了以《中华人民共和国测绘法》为基础的测绘法律体系,其中包括《中华人民共和国测绘成果管理条例》《测绘管理工作国家秘密范围的规定》《基础测绘成果提供使用管理暂行办法》等。与此同时,各省、自治区、直辖市已出台的测绘管理地方法规、政府规章及有关政策对测绘成果管理均做出了专门规定。可以说,测绘成果管理法规与政策体系已经初步建立。2010年9月,国家测绘局印发了《国家测绘局关于进一步加强涉密测绘成果行政审批与使用管理工作的通知》,进一步强调了审批与使用涉密测绘成果的管理措施。主要内容如下:

1)各级测绘地理信息行政主管部门必须严格执行涉密测绘成果提供使用审批制度,依法履行行政审批职能。要明确本机关负责成果管理的机构统一办理审批事项,不得多头审批、越级审批。

2)各级测绘地理信息行政主管部门要对申请人提交的申请材料是否齐全、是否符合法定形式要求进行严格审核,申请材料不齐全或者不符合法定形式的,不予受理;要对申请人提出的涉密测绘成果使用目的是否具体、明确、合法,申请的测绘成果范围、种类、精度是否与使用目的相一致,以及是否符合国家的保密法律法规及政策等内容进行严格审查,不符合规定要求的,不予批准。

3)各级测绘地理信息行政主管部门应当依法对涉密测绘成果使用情况进行跟踪检查;使用单位应当切实加强管理,对申请使用的涉密测绘成果保管、利用、销毁等情况开展经常性检查,不得擅自留存、复制、转让或转借涉密测绘成果。使用目的或项目完成后,使用单位必须在6个月内销毁申请使用的涉密测绘成果,确因工作需要继续使用的,必须按照涉密测绘成果提供使用管理规定办理审批手续。

4)各级测绘成果保管单位、各使用单位要严格按照国家定密、标密等规定,及时、准确地为涉密测绘成果及其衍生产品标明密级、保密期限和控制范围。涉密测绘成果及其衍生产品,未经国务院测绘地理信息行政主管部门或者省、自治区、直辖市测绘地理信息行政主管部门进行保密技术处理的,不得公开使用,严禁在互联网及其他公共信息网络上登载发布使用。

国家涉密基础测绘成果提供使用审批流程如图11-1所示。

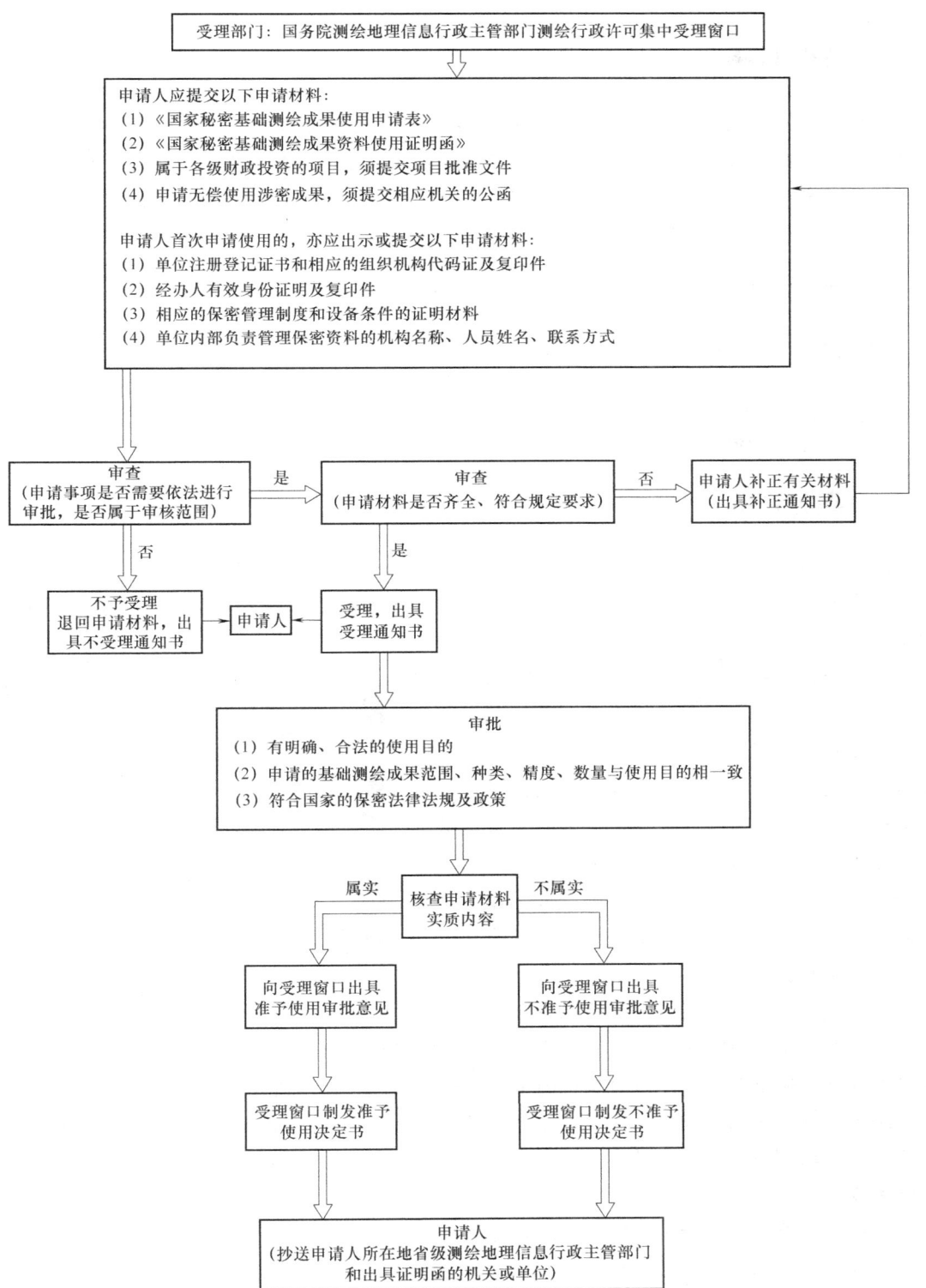

图 11-1 国家涉密基础测绘成果提供使用审批流程

案例 11-1

2014年5月,某部门工作人员白某违规在非涉密办公网络上存储、处理涉密信息,该信息被临时借调人员柴某下载并转送给境外情报机构。这些信息中有绝密级文件和内部工作文件。柴某的行为构成间谍罪,被依法判处有期徒刑15年。白某受到行政记过处分。

案例 11-2

2014年11月,某部门在更新办公设备时,将一批旧计算机卖给旧货市场,导致计算机内存储的大量内部敏感信息失控。直接责任人张某受到行政警告处分,负有领导责任的李某受到通报批评。

案例 11-3

2010年4月,深圳市规划土地监察支队根据群众举报,发现了一个名为月光论坛的网站,存在大量地理信息涉密的行为(见图11-2)。网站把大量国家军事上的信息,如机场、舰艇还有驻港部队等都在地图上展示出来。

月光论坛是一个军事爱好者经常光顾的网络社区,设置了"中国核试验爆炸地点""中国军用机场""北京周边军事区域""中国军事设施收集"等八个版块,汇聚了各地网友发布的信息并进行分类整理。和普通军事论坛相比,月光论坛最显著的特点在于,它直接链接到国外一家地图网站的搜索引擎上。用户可以通过客户端软件免费浏览全球各地的高清晰卫星图片,并在上面标注出军事地点的地理坐标和相关信息。

图 11-2

网站上呈现出来的某一个区域的卫星影像甚至航空影像不能叫电子地图,因为它没有坐标,也没有人文的、自然的、标注上的属性,但是一旦在这个区域获取了一些应该保密的军事设施的地理坐标,就必然会出现泄密。

2010年5月6日,月光论坛的负责人接受了执法部门的行政处罚,并承诺对网站进行整改。据《深圳市规划土地监察局行政处罚告知书》上所列,具体违法事实是月光论坛涉嫌非法展示地图,违反法规及条款是《地图审核管理规定》第八条第(一)项。

这一规定虽然并非针对涉密,但网站的信息已经威胁到涉密信息的安全了。

根据《中华人民共和国刑法》第三百九十八条、第四百三十二条:违反《中华人民共和国保守国家秘密法》的规定,故意或者过失泄露国家秘密,情节特别严重的,处3年以上7年以下有期徒刑;故意或者过失泄露军事秘密,情节特别严重的,处5年以上10年以下有期徒刑。

(案例引自《警惕互联网地图泄密》)

请查阅相关资料了解《地图审核管理规定》第八条关于提出地图审核申请的有关规定。

【知识链接】

《地图审核管理规定》部分条文

第二条 在中华人民共和国境内公开出版地图、引进地图、展示、登载地图以及在生产加工的产品上附加的地图图形的审核，应当遵守本规定。

第三条 国务院测绘行政主管部门统一监督管理全国的地图审核工作。省、自治区、直辖市测绘行政主管部门（以下简称省级测绘行政主管部门）监督管理本行政区域内的地图审核工作。

第八条 下列情况下，单位和个人（以下统称申请人），应当按照本规定向地图审核部门提出地图审核申请：

（一）在地图出版、展示、登载、引进、生产、加工前；

（二）使用国务院测绘行政主管部门或者省级测绘行政主管部门提供的标准画法地图，并对地图内容进行编辑改动的。

涉密基础测绘成果安全保密责任书

编号：

为加强涉密基础测绘成果的管理，贯彻落实《中华人民共和国测绘法》《中华人民共和国保守国家秘密法》《中华人民共和国测绘成果管理条例》《中华人民共和国保守国家秘密法实施办法》等有关法律法规，确保涉密基础测绘成果的安全保密，促进成果合法、有效利用，防止发生失泄密事件，防范非法使用行为，请涉密基础测绘成果的申请使用单位认真阅读本责任书并签章确认。

一、本责任书所述"主管部门"为提供涉密基础测绘成果的测绘地理信息行政主管部门；"用户"为涉密基础测绘成果的使用单位；提供的"基础测绘成果"为《中华人民共和国测绘法》所规定的属于国家秘密范围的基础测绘数据、信息、图件及相关技术资料等。

二、用户已被告知并承诺按照《中华人民共和国保守国家秘密法》《中华人民共和国测绘法》《中华人民共和国保守国家秘密法实施办法》《中华人民共和国测绘成果管理条例》《计算机信息系统保密管理暂行规定》《国家秘密载体保密管理的规定》《基础测绘成果提供使用管理暂行办法》等相关法律法规及管理文件的要求，对基础测绘成果进行有效管理，做好安全保密工作。

三、用户为基础测绘成果的直接使用者；用户不得擅自复制、转让或者转借基础测绘成果。未经主管部门的书面许可，用户不得以任何形式向第三方（包括所属系统和上级、下级或者同级其他单位）提供基础测绘成果。用户若需委托第三方从事批准用途的应用开发，应与第三方签订相应的基础测绘成果安全保密责任书，实施有效监督和销毁。第三方为外国组织和个人以及在我国注册的外商独资企业和中外合资、合作企业的，用户应当履行对外提供我国测绘成果的审批程序，须依法经国务院测绘地理信息行政主管部门或者省、自治区、直辖市测绘地理信息行政主管部门批准。

四、基础测绘成果存放设施与条件应符合国家保密、消防及档案管理的有关规定和要求，并建立完善的测绘成果资料保密内部管理制度；经批准复制的秘密载体要进行编号与登记，按同等密级进行管理；涉密计算机系统应按相关规定办理批准使用手续，严防失泄密事件的发生。用户单位被撤销或合并时，应当将基础测绘成果移交给承担其原职能的机关、单位或上级机关，并履行登记、签收手续。

五、利用基础测绘成果开发生产的产品，未经国务院测绘地理信息行政主管部门或者省、自治区、直辖市测绘地理信息行政主管部门进行保密技术处理的，其秘密等级不得低于所用基础测绘成果的秘密等级。

六、用户有责任和义务进行经常性的保密教育和检查，落实各项保密措施，使所属人员知悉与其工作有关的保密范围和各项保密制度；并支持、配合有关主管部门的基础测绘成果保密检查工作。

七、本责任书自签订之日起生效，对此之前或之后领取的所有基础测绘成果，承诺按此责任书执行。

八、本责任书一式两份，分别由主管部门、用户存档备查。

基础测绘成果申请使用单位（签章）：

法人（签字）：

经办人（签字）：

通信地址：

联系电话：

年　月　日

学习情境 12

测绘资质管理

【学习目标】
1. 认识资质的意义。
2. 理解测绘资质的概念。
3. 掌握测绘资质的管理。
4. 熟悉测绘单位从事活动应具备的条件。
5. 熟悉测绘资质证书及其申请。

一、资质的认识

企业资质就是企业从事业务活动的资格和能力,而建设行业的企业资质就是企业在从事建设行业经营中,是否具有等级能力(见图12-1)。例如,国家规定建设行业国家二级资质以上的企业才能施工的话,不具有这个资质,就没有这个能力施工和管理,也不能接到相应的工程。

企业资质给企业造成了危机感,但也使企业时时注意提高企业实力、管理水平、技术能力、工程质量,否则,就会被降级或淘汰。只有面临生存危机,企业才能获得提高。

图 12-1

二、测绘资质的概念

测绘资质是指测绘单位从事测绘活动的素质和能力,包括人员素质、仪器设备等物质条件及生产能力、业绩等。新中国成立以来,我国的测绘事业有了长足发展,为国民经济和社会发展做出了巨大的贡献。测绘行业从小到大,形成了测绘生产、科研、教育、仪器制造、地图出版、行政管理等门类齐全的体系,有七千多个成建制的测绘生产单位,主要分布在测绘、国土、建设、地矿、水利、交通、电力、地震、煤炭、铁道、有色、石油、农业、林业、海洋、建材、航空航天、电子、国防等20多个领域。随着市场经济的发展和行政管理体制改革的深入,大多数测绘队伍进入市场承揽测绘业务,测绘市场逐渐形成。如果一个从事测绘活动的单位,不具备相应的素质和能力,就无法保证测绘成果的质量,无法保障测绘为国民经济和社会发展提供有效的服务，影响后续工作的工程质量，严重的甚至还会危害人民的生命、财产安全，危害国家安全和主权。为了证明或者提供测绘单位从事测绘活动能力的信誉、信息，《中华人民共和国测绘法》将测绘资质审批作为一种测绘单位从事测绘活动的事前控制手段，设定了测绘资质审批行政许可，规定测绘单位（包括在部门、系统单位内部从事测绘活动的单位）只有获得相应资质后方可从事测绘活动。国家以法律形式规定测绘资质管理制度充分反映了国家对测绘工作的高度重视，同时，也反映了测绘工作的特殊性。

三、测绘资质管理规定

测绘资质管理是指国家对测绘资质做出具体规定，对从事测绘活动的单位进行测绘资质审查、发放测绘资质证书、进行测绘资质检验、依法查处无资质测绘等行政活动。实行测绘资质管理制度的目的，在于保证从事测绘活动的单位具有完成测绘任务的合法资格，从而保证测绘成果的科学性和可靠性，从而维护测绘市场秩序，保护测绘市场公平竞争。根据《中华人民共和国行政许可法》的规定，申请人只要具备了《中华人民共和国测绘法》及国务院测绘地理信息行政主管部门所规定的资质条件，测绘地理信息行政主管部门就必须依法颁发测绘资质证书。

从事测绘活动的单位，应当依法取得测绘资质证书，并在测绘资质等级许可的范围内从事测绘活动。国家测绘地理信息局负责全国测绘资质的统一监督管理工作。县级以上地方人民政府测绘地理信息行政主管部门负责本行政区域内测绘资质的监督管理工作。

《中华人民共和国测绘法》第二十二条规定："国家对从事测绘活动的单位实行测绘资质管理制度。"

测绘资质分为甲、乙、丙、丁四级。

测绘资质的专业范围划分为大地测量、测绘航空摄影、摄影测量与遥感、地理信息系统工程、工程测量、不动产测绘、海洋测绘、地图编制、导航电子地图制作、互联网地图服务。

测绘资质各个专业范围的等级划分及其考核条件由《测绘资质分级标准》规定。

国家测绘地理信息局是甲级测绘资质审批机关，负责审查甲级测绘资质申请并做出行政许可决定。

省级测绘地理信息行政主管部门是乙、丙、丁级测绘资质审批机关，负责受理、审查乙、丙、丁级测绘资质申请并做出行政许可决定；负责受理甲级测绘资质申请并提出初步审查意见。

省级测绘地理信息行政主管部门可以委托有条件的设区的市级测绘地理信息行政主管部门受理本行政区域内乙、丙、丁级测绘资质申请并提出初步审查意见；可以委托有条件的县级测绘地理信息行政主管部门受理本行政区域内丁级测绘资质申请并提出初步审查意见。

四、从事测绘活动单位应当具备的条件

1. 有与其从事的测绘活动相适应的专业技术人员

测绘工作是一项知识、技术密集型,科技含量高的工作,尤其是当代测绘属于高新技术范畴,一般应当由经过专门的专业教育、技术训练的人员来完成,这是保证测绘生产活动正常进行,保证测绘成果符合技术标准的前提条件。这支队伍由专业技术人员、技术工人和质量检验人员组成,其中最主要的是测绘专业技术人员的专业水平及人员数量。特别是在现代测绘科学技术的应用下,对测绘专业技术人员的理论水平和技术能力的要求越来越高。因此,测绘单位必须具备有与其从事的测绘活动相适应的、一定数量的专业技术人员,同时,这些测绘专业技术人员还要根据《中华人民共和国测绘法》的规定取得相应的测绘执业资格。

测绘资质分级标准所称专业技术人员,包括测绘专业技术人员和测绘相关专业技术人员。

测绘专业技术人员是指测绘工程、地理信息、地图制图、摄影测量、遥感、大地测量、工程测量、地籍测绘、土地管理、矿山测量、导航工程、地理国情监测等专业的技术人员。

测绘相关专业技术人员是指地理、地质、工程勘察、资源勘查、土木、建筑、规划、市政、水利、电力、道桥、工民建、海洋、计算机、软件、电子、信息、通信、物联网、统计、生态、印刷等专业的技术人员。

申请大地测量、测绘航空摄影、摄影测量与遥感、工程测量、不动产测绘、海洋测绘、地图编制、导航电子地图制作的单位,测绘相关专业技术人员不得超过《测绘资质分级标准》对专业技术人员要求数量的60%;申请地理信息系统工程的单位,测绘相关专业技术人员不得超过《测绘资质分级标准》对专业技术人员要求数量的80%;申请互联网地图服务的单位,专业技术人员比例不做要求。

同一单位申请两个以上测绘专业范围的,对人员数量的要求不累加计算。

年龄超过65周岁的人员和兼职人员,不得计入专业技术人员数量。

2. 有与其从事的测绘活动相适应的技术装备和设施

测绘专业类别较多,大致划分为大地测量、测绘航空摄影、摄影测量与遥感、地理信息系统工程、工程测量、不动产测绘、海洋测绘、地图编制、导航电子地图制作、互联网地图服务等,每一类中又划分为若干业务类别。不同类别的测绘工作需要使用不同的仪器设备和设施,如进行大地测量工作,就必须具备相应的GPS接收机、水准仪、测距仪、重力测量设备、天文测量设备、计算机等。仪器设备和设施是保证完成测绘任务的必备条件,没有这些条件,不可能完成测绘任务。具备与其所从事的测绘专业适应的测绘仪器设备和设施是测绘单位从事测绘活动的基础条件。

按各专业标准核算仪器设备数量时,所有权非本单位的、报废的、检定有效期已过的仪器设备等,均不能计入。

随着科学技术的发展,性能指标更优越的仪器设备可以替代某一专业标准所规定的相应仪器设备。

3. 有健全的技术、质量保证体系和测绘成果及资料档案管理制度

技术、质量保证体系是指测绘单位为保证其施测的测绘成果符合国家有关技术规范和标准，满足用户的使用要求，应采取的由管理、技术等各项保障措施构成的有机整体。测绘成果及资料档案管理制度是指测绘单位为保证测绘成果及资料的完整、安全和保守国家秘密，所制定的测绘成果及资料的归档、保管、复制、使用等方面的规章制度和采取的相应措施，包括设立档案管理的组织机构，配备相应的管理人员，构建安全的保管场所和保管设备等。

测绘工作工序、环节较多，一项测绘工作自现场踏勘、技术设计、施测到成果最终通过检查验收提交使用，往往需要掌握不同技术的多人合作方能完成。在这一过程中，如何保证各工序严格执行技术设计书的要求，必须有相应的一整套科学合理的技术、质量管理体系来做保证。当前，已有许多测绘单位通过了 ISO 9000 系列质量体系认证，在实际工作中按照国际标准进行技术、质量管理。在施测过程中产生的测绘成果资料，有些属于保密资料，有些成果具有知识产权，必须严格、科学、规范地管理好这些成果资料，确保国家安全和委托方利益不受损害。测绘资质单位应当有健全的测绘成果及资料档案管理制度和保密制度；设立保密工作机构，配备保密管理人员；确定保密要害部门、部位，明确保密岗位责任，与涉密人员签订保密责任书；测绘成果核心涉密人员应当持有省级以上测绘地理信息行政主管部门颁发的涉密人员岗位培训证书；建立测绘成果核准、登记、注销、检查、延期使用等管理制度；生产、存储、处理涉密测绘成果档案的设备设施与条件，应当符合国家保密、消防及档案管理的有关规定和要求。

4. 具备国务院测绘地理信息行政主管部门规定的其他条件

测绘单位除了具备上述基本条件，还应具备一些其他条件，如测绘单位的主体资格，反映测绘单位综合实力的资历、业绩等。在实践中，根据客观情况的变化和需要，还可能对测绘单位规定一些其他必须需要的资质条件。例如，办公场所要求如下：甲级不少于 $600m^2$；乙级不少于 $150m^2$；丙级不少于 $40m^2$；丁级不少于 $20m^2$。

五、测绘资质申请

国家测绘地理信息局负责审批甲级测绘资质并颁发甲级测绘资质证书。

省、自治区、直辖市人民政府测绘地理信息行政主管部门负责受理甲级测绘资质申请并提出初审意见；负责受理乙、丙、丁级测绘资质申请，做出审批决定，颁发乙、丙、丁级测绘资质证书。

测绘单位生产、加工、利用属于国家秘密范围测绘成果的，其保密管理工作应当符合下列条件，并向测绘资质审批机关提交有关书面材料：

1）依法成立 3 年以上的法人，无违法犯罪情况。
2）依照国家有关保密和测绘地理信息法律法规，建立健全的保密管理制度。
3）设立保密工作机构，配备保密管理人员。
4）依照国家有关规定，确定本单位保密要害部门、部位，明确岗位职责，设置安全可靠的保密防护措施。
5）与涉密人员签署保密责任书，测绘成果核心涉密人员应当持有省级以上测绘地理信息行政主管部门颁发的涉密人员岗位培训证书。

测绘资质审批机关应当在办公场所和政府网站公示测绘资质许可的依据、条件、程序和期限。

测绘资质受理机关应当推行电子政务，方便申请单位采用测绘资质管理信息系统，以数据电文方式进行在线申请。

测绘资质证书有效期最长不超过 5 年。测绘资质证书有效期满需要延续的，测绘单位应当在有效期满 60 日前，向测绘资质审批机关申请办理延续手续。

对继续符合测绘资质条件的单位，经测绘资质审批机关批准，有效期可以延续。

六、测绘资质证书

测绘资质证书是指测绘单位具备从事测绘活动资质的证明。测绘单位取得了测绘资质证书可以从事相应的测绘活动，没有取得测绘资质证书就不能从事测绘活动。

测绘业务类别很多，每项测绘业务对于测绘单位的技术人员、仪器设备、生产能力的要求不同，测绘单位的综合素质和能力也千差万别，将测绘资质证书划分为若干等级，是符合我国的国情和测绘业发展的现状及测绘工作实际的。当前，我国测绘资质证书划分为甲、乙、丙、丁四级。测绘业务划分为大地测量、测绘航空摄影、摄影测量与遥感、地理信息系统工程、工程测量、不动产测绘、海洋测绘、地图编制、导航电子地图制作、互联网地图服务。测绘单位不具备法定条件的不能取得测绘资质证书。测绘单位除了具备法定条件以外，还应当按照法定程序取得测绘资质证书，国务院测绘地理信息行政主管部门对取得测绘资质证书的程序有明确的规定。

 议一议

辩题①：没有测绘资质证书我们单位一样能接到大项目，没有必要去办证。
辩题②：测绘资质证书只是一个证明，只要资料上填写的条件合格，办理肯定没问题。

 案例 12-1

2014 年 8 月，金华市测绘与地理信息局接到举报，反映金华某土地调查登记代理有限公司涉嫌违法从事测绘活动。经查，2014 年 6~7 月，该公司在未取得测绘资质证书的情况下，擅自对金华某电机有限公司、浙江某工贸有限公司等 4 家企业开展日常地籍测量和用地复核验收测量活动，共收取宗地勘测费 9022 元。该公司的行为违反了《中华人民共和国测绘法》第二十二条关于测绘资质管理的有关规定。2014 年 10 月，金华市测绘与地理信息局依据《中华人民共和国测绘法》第四十二条的规定，对该公司做出责令停止违法行为，没收违法所得和测绘成果，并处测绘约定报酬一倍罚款的行政处罚。

（案例引自《关于2014 年测绘地理信息违法典型案件的通报》）

案例 12-2

2014年10月，嘉兴市测绘与地理信息局接到群众举报，嘉兴某信息科技有限公司未取得测绘资质擅自提供有偿地图标注服务。经查，该公司在未取得测绘资质的情况下，通过调用百度地图发布的"地图名片"工具进行信息输入标注，利用链接网址方式将相关内容在其网站的"商家地图"栏中显示标注企业信息，属互联网地图标注服务。该公司还利用百度地图下载图片拼接，形成嘉兴洪合镇区域电子地图，并在地图上标注企业信息，属地图编制活动。该公司的行为违反了《中华人民共和国测绘法》第二十二条关于测绘资质的有关规定。2014年12月，嘉兴市城乡规划建设管理委员会依据《中华人民共和国测绘法》第四十二条的规定，对该公司做出责令停止违法行为，没收测绘成果的行政处罚。

（案例引自《关于2014年测绘地理信息违法典型案件的通报》）

案例 12-3

2014年1月，杭州某信息技术有限公司申请丙级测绘资质。在审查中，浙江省测绘与地理信息局发现该公司提供的测绘资质申请材料中有三名技术人员的毕业证书存在疑点。浙江省测绘与地理信息局向相关高校发送了调查函，经查，上述三名技术人员的毕业证书均为虚假材料。该公司的行为违反了《中华人民共和国行政许可法》第三十一条关于行政许可申请材料真实性的有关规定。2014年3月，浙江省测绘与地理信息局依据《中华人民共和国行政许可法》第七十八条的规定，对该公司做出警告，一年内不得再次申请测绘资质的行政处罚。

（案例引自《关于2014年测绘地理信息违法典型案件的通报》）

请查阅相关资料了解《中华人民共和国测绘法》第二十二条关于测绘资质管理的有关规定和第四十二条关于未取得测绘资质进行非法测绘活动的法律责任的有关规定。《中华人民共和国行政许可法》第三十一条关于行政许可申请材料真实性的有关规定和第七十八条行政处罚的规定。

【知识链接】

《测绘资质管理规定》摘录

第九条 初次申请测绘资质的单位，应当提交下列材料的原件扫描件：

（一）企业法人营业执照或者事业单位法人证书，法定代表人的简历及任命或者聘任文件；

（二）符合要求的专业技术人员的身份证，毕业证书与测绘及相关专业技术岗位工作年限证明材料或者任职资格证书，劳动合同，社会保险缴纳证明等材料；

（三）符合要求的仪器设备所有权证明及省级以上测绘地理信息行政主管部门认可的测

绘仪器检定单位出具的检定证书；

（四）单位办公场所证明；

（五）健全的测绘质量保证体系证明；

（六）测绘成果及资料档案管理制度材料；

（七）测绘成果保密管理制度材料。

第十条　申请晋升测绘资质等级的单位，应当提交下列材料的原件扫描件：

（一）符合要求的专业技术人员的身份证，毕业证书与测绘及相关专业技术岗位工作年限证明材料或者任职资格证书，劳动合同，社会保险缴纳证明等材料；

（二）符合要求的仪器设备所有权证明及省级以上测绘地理信息行政主管部门认可的测绘仪器检定单位出具的检定证书；

（三）健全的测绘质量保证体系证明；

（四）测绘成果及资料档案管理制度材料；

（五）测绘成果保密管理制度材料；

（六）与所申请升级专业范围相匹配的测绘业绩和能力证明材料。

申请新增专业范围的单位，应当提供第（一）至（五）项材料。

第二十九条　测绘资质单位有下列情形之一的，应当依法予以办理注销手续：

（一）测绘资质证书有效期满未延续的；

（二）测绘资质单位法人资格终止的；

（三）测绘资质行政许可决定依法被撤销、撤回的；

（四）测绘资质证书依法被吊销的；

（五）测绘资质证书所载各专业范围均不再符合法定条件的；

（六）测绘资质单位申请注销的。

第三十条　测绘资质单位的部分专业范围不符合相应资质标准条件的，应当依法予以核减相应专业范围。

第三十一条　测绘资质单位有下列情形之一的，应当依法视情节责令停业整顿或者降低资质等级：

（一）超越资质等级许可的范围从事测绘活动的；

（二）以其他测绘资质单位的名义从事测绘活动的；

（三）将承揽的测绘项目转包的；

（四）测绘成果质量经省级以上测绘地理信息质检机构判定为批不合格的；

（五）涂改、倒卖、出租、出借或者以其他形式转让测绘资质证书的；

（六）违反保密规定加工、处理和利用涉密测绘成果，存在失泄密隐患被查处的。

第三十二条　测绘资质单位有下列情形之一的，应当依法吊销测绘资质证书：

（一）有本规定第三十一条的情形之一且情节严重的；

（二）以欺骗手段取得测绘资质证书从事测绘活动的；

（三）承担国家投资的测绘项目，且经暂扣测绘资质证书6个月仍不汇交测绘成果资料的。

第三十三条　测绘资质单位在从事测绘活动中，因泄露国家秘密被国家安全机关查处的，测绘资质审批机关应当注销其测绘资质证书。

《中华人民共和国测绘法》摘录

第二十二条　国家对从事测绘活动的单位实行测绘资质管理制度。

从事测绘活动的单位应当具备下列条件，并依法取得相应等级的测绘资质证书后，方可从事测绘活动：

（一）有与其从事的测绘活动相适应的专业技术人员；

（二）有与其从事的测绘活动相适应的技术装备和设施；

（三）有健全的技术、质量保证体系和测绘成果及资料档案管理制度；

（四）具备国务院测绘行政主管部门规定的其他条件。

第二十三条　国务院测绘行政主管部门和省、自治区、直辖市人民政府测绘行政主管部门按照各自的职责负责测绘资质审查、发放资质证书，具体办法由国务院测绘行政主管部门商国务院其他有关部门规定。

军队测绘主管部门负责军事测绘单位的测绘资质审查。

第四十二条　违反本法规定，未取得测绘资质证书，擅自从事测绘活动的，责令停止违法行为，没收违法所得和测绘成果，并处测绘约定报酬一倍以上二倍以下的罚款。

以欺骗手段取得测绘资质证书从事测绘活动的，吊销测绘资质证书，没收违法所得和测绘成果，并处测绘约定报酬一倍以上二倍以下的罚款。

第四十三条　违反本法规定，测绘单位有下列行为之一的，责令停止违法行为，没收违法所得和测绘成果，处测绘约定报酬一倍以上二倍以下的罚款，并可以责令停业整顿或者降低资质等级；情节严重的，吊销测绘资质证书：

（一）超越资质等级许可的范围从事测绘活动的；

（二）以其他测绘单位的名义从事测绘活动的；

（三）允许其他单位以本单位的名义从事测绘活动的。

《中华人民共和国行政许可法》摘录

第三十一条　申请人申请行政许可，应当如实向行政机关提交有关材料和反映真实情况，并对其申请材料实质内容的真实性负责。行政机关不得要求申请人提交与其申请的行政许可事项无关的技术资料和其他材料。

第七十八条　行政许可申请人隐瞒有关情况或者提供虚假材料申请行政许可的，行政机关不予受理或者不予行政许可，并给予警告；行政许可申请属于直接关系公共安全、人身健康、生命财产安全事项的，申请人在一年内不得再次申请该行政许可。

学习情境 13

测绘项目承包发包

【学习目标】
1. 掌握招标投标的概念。
2. 理解测绘项目承包发包的概念。
3. 熟悉测绘单位承发包项目的注意事项。

一、招标投标

招标和投标是一种商品交易行为，是交易过程的两个方面。招标投标是一种国际惯例，是商品经济高度发展的产物，是应用技术、经济的方法和市场经济的竞争机制的作用，有组织开展的一种择优成交的方式。这种方式是在货物、工程和服务的采购行为中，招标人通过事先公布的采购和要求，吸引众多的投标人按照同等条件进行平等竞争，按照规定程序并组织技术、经济和法律等方面的专家对众多的投标人进行综合评审，从中择优选定项目的中标人的行为过程。其实质是以较低的价格获得最优的货物、工程和服务。

招标是发包的一种方式，招标发包是业主对自愿参加某一特定工程项目的承包单位进行审查、评比和选定的过程。实行招标的最显著特征是将竞争机制引入交易过程，与直接发包相比，其优越性在于：①招标方通过对自愿参加承包的单位的条件进行综合比较，从中选择报价低、技术力量强、质量保证体系可靠、具有良好信誉的承包者，与其签订合同，有利于节约和合理使用资金，保证发包项目质量；②招标活动要求依照法定程序公开进行，有利于防止行贿、受贿等腐败和不正当竞争行为；③有利于创造公平竞争的市场环境，促进公平竞争。

招标分为公开招标、邀请招标、议标三种方式。公开招标也称无限竞争性招标，是招标方按照法定程序，在公开的媒体上发布招标公告，所有符合条件自愿承包的单位都可以平等地参加投标竞争，从中选择承包者的方式。邀请招标也称有限竞争性选择招标，是招标方选择若干自愿承包的单位，向其发出邀请，由被邀请的单位竞争，从中选择承包者的方式。议标也称非竞争性招标或指定性招标，是发包者邀请两家或者两家以上愿意承包的单位直接协商确定承包者。

投标是有意承包项目的单位响应招标，向招标方书面提出自己提供的项目报价及其他响应招标要求的条件，参与项目竞争。对于实行招标的项目来说，投标者往往较多，招标方在公平、公正、公开、平等竞争的原则下，择优选择承包单位。

从理论上讲，发包方通过招标发包测绘项目，不仅对于发包方合理使用资金、保证项目质量具有重要意义，而且测绘单位通过投标竞争承揽测绘项目，对于保护公平竞争，维护测绘市场秩序，提高测绘成果质量，促进测绘事业发展也具有重要意义。但是，如果招标投标活动不规范，也会造成恶性竞争、市场混乱、测绘成果质量低劣等不良后果（见图13-1）。因此，政府测绘地理信息行政主管部门对测绘项目招标投标活动进行监督是十分必要的。

二、测绘项目发包承包的概念

发包是指将工程项目、加工生产项目等生产经营项目交给承担单位或者个人来完成。一般来说，发包的方式包括招标发包和直接发包两种方式。测绘项目的发包方式也是按照这两种方式进行的。就当前情况来看，较大规模的工程测绘项目、地籍测绘项目、房产测绘项目等一般采取招标发包的方式；小规模的工程测绘项目、地籍测绘项目、房产测绘项目采取直接发包的方式。由于基础测绘成果往往属于保密范畴，

图 13-1

基础测绘项目尚不宜采用招标的方式确定承担单位，目前仍以直接发包为主。

承包是指接受工程、加工、订货或其他生产经营项目并且负责完成。在测绘项目的承包中，承担测绘项目的单位首先必须具备相应的测绘资质；其次要有完成所承担测绘项目的能力，不能将测绘项目转包给他人；最后应当对测绘成果质量负责。

三、测绘项目的招标投标流程

1. 招标

招标是整个招标投标过程的第一个环节，也是对投标、评标、定标有直接影响的环节，所以在《中华人民共和国招标投标法》（以下简称《招标投标法》）中对这个环节确立了一系列的明确的规范。要求在招标中有严格的程序、较高的透明度、严谨的行为规则，以求有效地调整在招标中形成的社会经济关系。在这一部分涉及以下几个重要问题：

1）招标人。招标人应当具备的基本条件有三项：一是要有可以依法进行招标的项目，如有些涉及国家秘密的项目不适宜招标；二是具有合格的招标项目，如具有与项目相适应的资金或者可靠的资金来源；三是招标人为法人或者其他组织，应是依法进入市场进行活动的实体，它们能独立地承担责任、享有权利。

2）招标方式。在《招标投标法》中规定了两种招标方式，即公开招标和邀请招标。公开招标是公开发布招标信息，公开程度高，参加竞争的投标人多，竞争比较充分，招标人的选择余地大。邀请招标是在有限的范围内发布信息，进行竞争，虽然可以选择，但选择余地不大。因此，在《招标投标法》中对这两种招标方式是鼓励采用公开招标方式，但也考虑在某些特定的情况下可以采用邀请招标方式。

3）招标代理。在《招标投标法》中规定，招标人可以自行招标，也可以委托招标代理机构办理招标事项。在法律中明确，只有招标人具有编制招标文件和组织评标能力的，才可以自

行办理招标事宜。对于代理招标,《招标投标法》的规定如下:①招标代理机构必须依法设立;②其资格要由法定的部门认定;③招标人有权自行选择招标代理机构;④任何单位和个人不得以任何方式为招标人指定招标代理机构;⑤招标代理机构与行政机关和其他国家机关不得存在隶属关系或者其他利益关系;⑥招标代理机构应当在招标人委托的范围内办理招标事宜。这些规定的用意在于,保证代理招标的质量,形成规范的代理关系,维护招标人自主权。

4)招标公告、投标邀请书。公开招标的显著特点是要发布招标公告,只有这样才能邀请不特定的法人或者其他组织进行投标,参加竞争。邀请招标的做法是由招标人向3个以上具备承担招标项目的能力、资信良好的特定的法人或者其他组织发出投标邀请书,它的基本内容与招标公告是一致的,所以特别规定了向至少3个潜在投标人发出投标邀请书,目的是保持邀请招标有一定的竞争性,防止以邀请招标为名,搞假招标、形式招标,而起不到招标的作用。

5)招标文件。这是招标投标过程中最具重要意义的文件,它由招标人编制,所根据的是招标项目的特点和需要。招标文件的内容由《招标投标法》做出规定,应当包括招标项目的技术要求、对投标人资格审查的标准、投标报价要求和评标标准等所有实质性要求和条件以及拟签订合同的主要条款。

2. 投标

这一部分在《招标投标法》中主要是对投标人和投标活动做出规定,确立的有关行为规则主要有下列几项:

1)投标人。投标人有三个条件:一是响应招标;二是参加投标竞争的行列;三是具有法人资格或者是依法设立的其他组织。

2)投标文件。投标文件是具备承担招标项目的能力的投标人,按照招标文件的要求编制的文件,对招标文件提出的实质性要求和条件做出响应。《招标投标法》还对投标文件的送达、签收、保存的程序做出规定,有明确的规则。对于投标文件的补充、修改、撤回也有具体规定,明确了投标人的权利义务,这些都是适应公平竞争需要而确立的共同规则。

3)投标联合体。《招标投标法》对投标人组成联合体共同投标是允许的,这也是符合实际情况的,特别是大型的、复杂的招标项目更有可能采用这种形式,但要对其加以规范,防止和排除在现实中已经出现的以组织联合体为名,低资质的充当高资质的、不合格的混同合格的、责任不明、关系不清等弊端。因此,在《招标投标法》中有明确的规定。

4)投标中的禁止事项。对于投标人的行为,《招标投标法》还对禁止的事项做出了规定,以维护招标投标的正常秩序,保护合法的竞争。一是禁止串通投标;二是禁止投标人以向招标人或者评标委员会成员行贿的手段谋取中标;三是投标人不得以低于成本的报价竞标;四是投标人不得以他人名义投标或者以其他方式弄虚作假,骗取中标。

3. 评标和中标

评标和中标是招标投标整个过程中两个有决定性影响的环节,在《招标投标法》中对这两个环节做出了一系列的规定,确定了有关的行为规则。

1)组织评标委员会。评标是对投标文件进行审查、评议、比较,其根据是法定的原则和招标文件的规定及要求,这是确定中标人的必经程序,也是保证招标获得有效成果的关键环节。评标应当有专家和有关人员参加;由招标人依法组建的评标委员会负责,而不能只由招标人独自进行，以求有足够的知识、经验进行判断，力求客观公正。《招标投标法》对评标委员会的组成规则也做出了规定。

2）评标规则。评标必须按法定的规则进行，这是公正评标的必要保证，《招标投标法》对此做出了规定。

3）中标。在招标投标中选定最优的投标人，对投标人来说，就是投标成功，争取到了招标项目的合同。《招标投标法》对确定中标人的程序、标准和中标人应当切实履行义务等方面做出了规定，这既是为了保证竞争的公平、公正，也是为了维护竞争的成果。

4. 法律责任

掌握运用《招标投标法》，首先应当了解其中的各项法律规范，知道什么是可以做的，什么是不允许做的，法律鼓励什么、保护什么，禁止什么、排除什么，在这个基础上应进一步了解，如果违反了法律规定将产生什么样的后果，如承担何种责任、将受到何种处罚。这样，就应当自觉地去做那些法律上允许做、鼓励做的事，按照法律规定处置各项事务，约束自己不要去触犯法律，所以应当注意了解法律责任的内容。

四、测绘单位承发包项目六不得

1. 测绘单位不得超越资质等级许可的范围从事测绘活动

取得测绘资质证书的单位，必须在测绘资质证书许可的业务范围内从事测绘活动，不得超越测绘资质等级许可的范围从事测绘活动。所谓超越资质等级许可的范围：一是超越等级，即低等级的资质单位承揽需要较高等级资质单位才能承揽的测绘业务；二是测绘单位承揽资质证书没有载明的测绘业务。不同的测绘单位的专业技术人员素质、仪器设备的状况、生产能力和管理水平不一，其所能承担的测绘业务能力有高低之分，测绘地理信息行政主管部门对不同的测绘单位许可不同的业务范围及相应等级的资质，必须明确规定测绘单位不得超越资质等级许可的范围从事测绘活动。

2. 测绘单位不得以其他测绘单位的名义从事测绘活动

以其他测绘单位的名义从事测绘活动就是借用他人的测绘资质从事测绘活动。这种现象一般有两种情况：一是从事测绘活动的单位未取得测绘资质证书，为了承揽测绘项目，借用取得测绘资质证书的单位的资质证书或者用取得测绘资质证书的单位名义承揽测绘项目；二是有些单位取得了测绘资质证书，但其资质等级和业务范围达不到所要承揽的测绘项目的要求，借用具有相应资质单位的证书或名义。这些做法实际上是未取得相应的测绘资质证书而从事测绘活动，是一种欺骗行为，必须坚决禁止，依法严肃查处。

3. 测绘单位不得允许其他单位以本单位的名义从事测绘活动

取得测绘资质证书的单位允许其他单位以本单位的名义从事测绘活动是出借测绘资质的违法行为，在现实生活中，有些单位将资质证书出借给低资质等级或者不具有资质条件的测绘单位使用，也有些单位用假"合作""联营""挂靠"等方式允许其他单位以本单位的名义承揽测绘业务。这些做法扰乱了测绘市场秩序，使测绘成果质量难以得到保障，甚至会造成严重的不良后果，必须坚决予以禁止，对出借测绘资质证书的单位及借用测绘资质证书的单位都必须依法严肃处理。

4. 测绘项目的发包单位不得向不具有相应测绘资质等级的单位发包

未取得测绘资质证书的单位不得从事测绘活动，所以发包方在发包测绘项目时应当依法查验承包单位的测绘资质，不得将测绘项目交给未经测绘资质审查的单位或者资质等级不符合测绘项目要求的单位承包。实践表明，无证测绘或者超越资质等级测绘，不少测绘项目发包方是明知的，因"关系"工程违规发包。这种行为的结果，往往由于承揽方缺乏相应的资质条件而致使测绘成果质量低劣，甚至造成重大财产损失和重大伤亡事故，必须明令禁止。例如，某县矿山测量中，矿主为省钱雇佣一些冒牌的测量人员用简陋的仪器进行矿井定向，导致矿井塌陷，造成人员伤亡。

5. 测绘项目发包单位不得迫使测绘单位以低于测绘成本承包

这项规定是根据《合同法》第五十二条规定的一方以胁迫手段订立的损害国家利益的合同无效的精神而制定的。所谓胁迫，是指测绘项目发包方不正确地利用自己所处的项目发包优势地位，以将要发生的损害或者以直接实施损害相威胁，使对方测绘单位产生恐惧而与之订立合同。因胁迫而订立的合同包括两种类型：一种是以将要发生的损害相威胁，而使他人产生恐惧。如果测绘项目发包方所进行的将要造成的损害的威胁是根本不存在的、没有任何根据的，或者受胁迫的测绘单位根本不相信的，则不构成胁迫。另一种是测绘项目发包单位实施不法行为，直接给测绘单位造成人为的损害和财产的损害，而迫使测绘单位签订合同。因胁迫而订立合同要具有如下构成要件：①胁迫人具有胁迫的故意。即胁迫人明知自己的行为将会对受胁迫人从心理上造成恐惧而故意为之的心理状态，并且胁迫人希望通过胁迫行为使受胁迫人做出的意思表示与胁迫人的意愿一致。②胁迫人必须实施了胁迫行为。③胁迫行为必须是非法的。胁迫人的胁迫行为是给对方施加一种强制和威胁，但这种威胁必须是没有法律依据的。④必须要有受胁迫人因胁迫行为而违背自己的真实意思与胁迫人订立合同。如果受胁迫人虽受到了对方的胁迫但不为之所动，没有与对方订立合同或者订立合同不是由于对方的胁迫行为，则不构成胁迫。当前我国的经营性测绘活动被迫压价竞争现象比较普遍，测绘平均收费压到了国家指导价的50%～70%，有的只达到了30%。由于价格过低，必然会造成测绘成果质量低劣，对后续的各项工程建设造成重大质量隐患。因此，迫使测绘单位以低于测绘成本承包的行为必须禁止。

6. 测绘单位不得将承包的测绘项目转包

《招标投标法》第四十八条规定："中标人应当按照合同约定履行义务，完成中标项目。中标人不得向他人转让中标项目，也不得将中标项目肢解后分别向他人转让（见图13-2）。"所谓测绘项目转包，是指承包方将所承揽的测绘项目全部转给他人完成，或者将测绘项目的主体工作或大部分工作转包给他人完成。测绘合同的签订是测绘项目发包单位对承包单位能力的信任，承包单位应当以自己的设备、技术

图 13-2

和劳力完成承揽的主要工作。这里的主要工作一般是指对测绘成果的质量起决定性作用的或者工作量最大的工作。但是，目前有些单位和个人不顾发包单位的权益，将测绘项目层层转包，从中牟取暴利，使测绘成果质量难以得到保障；有些单位和个人与测绘项目发包方搞私下交易，严重扰乱测绘市场秩序，败坏社会风气。同时，根据《招标投标法》的规定，测绘单位不得将其承揽测绘项目的主体、关键性工作分包给他人完成。测绘单位将测绘项目转让给他人的或者将中标项目的部分主体、关键性工作分包给他人的，由工商行政管理机关或者测绘地理信息行政主管部门依法予以查处。

海南某房地产测绘有限公司为丁级房产测绘资质单位，2006 年 8 月在该省某市从事房产测绘期间，超越其资质登记许可范围，承揽某地形图测绘活动，后因质量不合格导致违约。《中华人民共和国测绘法》第二十四条规定："测绘单位不得超越其资质等级许可的范围从事测绘活动或者以其他测绘单位的名义从事测绘活动，并不得允许其他单位以本单位的名义从事测绘活动。测绘项目实行承发包的，测绘项目的发包单位不得向不具有相应测绘资质等级的单位发包或者迫使测绘单位以低于测绘成本承包。测绘单位不得将承包的测绘项目转包。"

海南某房地产测绘有限公司的行为，违反了《中华人民共和国测绘法》，因此，海南省测绘行政主管部门于 2006 年 9 月 12 日依法对海南某房地产测绘有限公司做出没收违法所得人民币 10000 元和相应测绘成果，并处罚款人民币 10000 元的行政处罚。

（案例引自《国家测绘局公布 2006 年十大测绘违法典型案件》）

2008 年 6 月，河北省测绘行政主管部门在年度测绘资质注册检查中发现，甲测绘有限公司承揽的测绘项目存在超范围作业的情况。经查，乙测绘有限公司于 2007 年 5 月 12 日将河北省晋州市某地形图测量项目分包给甲测绘有限公司，该项目测绘面积为 17.5 平方公里，超出了甲测绘有限公司（丙级）资质许可的 10 平方公里的作业限额。以上两单位的行为违反了《中华人民共和国测绘法》第二十四条关于测绘活动准则和测绘项目发包承包的有关规定。2008 年 8 月 7 日，河北省测绘行政主管部门依据《中华人民共和国测绘法》第四十三条关于超越资质等级许可的范围从事测绘活动的法律责任的有关规定，对甲测绘有限公司做出责令停止违法行为，罚款人民币 5000 元的行政处罚。2008 年 8 月 11 日，河北省测绘行政主管部门依据《中华人民共和国测绘法》第四十四条关于测绘项目发包单位违法发包测绘项目的法律责任的有关规定，对乙测绘有限公司做出责令改正，罚款人民币 1 万元的行政处罚。

（案例引自《测绘局关于 2008 年十大测绘违法典型案件的通报》）

请查阅相关资料了解《中华人民共和国测绘法》第二十四条关于测绘活动准则和测绘项目发包承包的有关规定和第四十四条关于测绘项目发包单位违法发包测绘项目的法律责任的有关规定。

【知识链接】

《中华人民共和国测绘法》摘录

第二十四条 测绘单位不得超越其资质等级许可的范围从事测绘活动或者以其他测绘单位的名义从事测绘活动，并不得允许其他单位以本单位的名义从事测绘活动。

测绘项目实行承发包的，测绘项目的发包单位不得向不具有相应测绘资质等级的单位发包或者迫使测绘单位以低于测绘成本承包。

测绘单位不得将承包的测绘项目转包。

第二十五条 从事测绘活动的专业技术人员应当具备相应的执业资格条件，具体办法由国务院测绘行政主管部门会同国务院人事行政主管部门规定。

第二十六条 测绘人员进行测绘活动时，应当持有测绘作业证件。

任何单位和个人不得妨碍、阻挠测绘人员依法进行测绘活动。

第四十三条 违反本法规定，测绘单位有下列行为之一的，责令停止违法行为，没收违法所得和测绘成果，处测绘约定报酬一倍以上二倍以下的罚款，并可以责令停业整顿或者降低资质等级；情节严重的，吊销测绘资质证书：

（一）超越资质等级许可的范围从事测绘活动的；

（二）以其他测绘单位的名义从事测绘活动的；

（三）允许其他单位以本单位的名义从事测绘活动的。

第四十四条 违反本法规定，测绘项目的发包单位将测绘项目发包给不具有相应资质等级的测绘单位或者迫使测绘单位以低于测绘成本承包的，责令改正，可以处测绘约定报酬二倍以下的罚款。发包单位的工作人员利用职务上的便利，索取他人财物或者非法收受他人财物，为他人谋取利益，构成犯罪的，依法追究刑事责任；尚不够刑事处罚的，依法给予行政处分。

第四十五条 违反本法规定，测绘单位将测绘项目转包的，责令改正，没收违法所得，处测绘约定报酬一倍以上二倍以下的罚款，并可以责令停业整顿或者降低资质等级；情节严重的，吊销测绘资质证书。

学习情境 14

测绘质量管理

【学习目标】
1. 理解质量、产品质量的意义。
2. 了解测绘质量的重要性。
3. 熟悉测绘质量管理。
4. 掌握测绘质量的监督管理工作。
5. 熟悉测绘质量检查验收及承担的责任。

一、质量的概念

质量的内容十分丰富,随着社会经济和科学技术的发展,也在不断充实、完善和深化,同样,人们对质量概念的认识也经历了一个不断发展和深化的历史过程。物理学中,质量是七个基本单位之一,用来表示物体平动的惯量和物体对其他物体的引力大小的量度。质量目标的定义是:在质量方面所追求的目的。从质量管理学来说,质量目标的理论依据是行为科学。产品明示的质量要求是指生产者对产品的质量所做出的明确的质量承诺。

二、产品质量

产品质量主要分为产品内在质量和产品外观质量。一般意义上的产品质量是指国家的有关法规、质量标准以及合同规定的对产品适用、安全和其他特性的要求(见图14-1)。质量特性区分了不同产品的不同用途,满足了人们的不同需要。人们就是根据工业产品的这些特性满足社会和人们需要的程度,来衡量工业产品质量好坏优劣的。

产品质量事关人民生命健康财产安全。近年来少数不法商贩生产伪劣产品,坑害人民。

例如,2009年的"地沟油"事件。"地沟油"是一种质量极差、极不卫生的非食用油,

图 14-1

它含有多种毒素,流向江河会造成水体富营养化。人畜一旦食用,会破坏白细胞和消化道黏膜,引起食物中毒,甚至致癌。长期以来,一些不法分子受利益驱动,非法从下水道和饭店

废水中提取地沟油,并作为食用油低价销售给一些街头小餐馆。

又如,"黑心棉事件"曾经震惊全国。再生棉被用于制作棉衣、棉被等物品为人们生活所用,就成了百姓俗称的"黑心棉"。它粉尘大,又经过一些硫酸等化学物质的漂洗,容易对人体造成极大的损害,因此在国家质量监督检验检疫总局等部门联合颁布的《絮用纤维制品禁止使用原料管理办法(试行)》中,将再生棉列为絮用纤维制品禁用的原料。但是仍然有少数不法分子铤而走险。

三、测绘质量的重要性

测绘质量不仅关系到各项工程建设的质量和安全,关系到经济社会规划决策的科学性、准确性,而且涉及国家主权、利益和民族尊严,影响着国家信息化建设的顺利进行。因此,提高测绘质量是国家信息化发展和重大工程建设质量的基础保证,是提高政府管理决策水平的重要途径,是维护国家主权和人民群众利益的现实需要,也是测绘事业和地理信息产业实现可持续发展的必然要求。

四、测绘质量管理规定

《中华人民共和国测绘法》第三十四条规定:"测绘单位应当对其完成的测绘成果质量负责。县级以上人民政府测绘行政主管部门应当加强对测绘成果质量的监督管理。"相应的配套文件有《测绘地理信息质量管理办法》《测绘生产质量管理规定》《测绘资质管理规定》《关于加强测绘质量管理工作的通知》《关于加强测绘质量管理的若干意见》等。

(一)测绘生产质量管理

测绘生产质量管理是指测绘单位从承担测绘任务、组织准备、技术设计、生产作业直至产品交付使用全过程实施的质量管理。它贯彻"质量第一,注重实效"的方针,以保证质量为中心,满足需求为目标,防检结合为手段,全员参与为基础,促进走质量效益的发展道路。

1. 外业生产管理

1)外业作业人员必须熟练操作各种测绘仪器,熟悉并理解作业依据的测量规范及项目的技术设计书内容。

2)对技术设计书有关条款如有不同意见,不得擅自修改,应报单位复议,作业中应严格按照规范和技术设计书的要求操作。

3)测量使用的仪器设备应良好运行,并按规范规定的检验项目对仪器进行检验。全站仪、精密水准仪每年一次,送省级技术监督部门检定。

4)仪器必须由专业人员操作,任何未经培训并没有上岗证的人员均不得使用仪器,仪器操作应按规范要求进行,操作人员应培养正确的操作习惯,不当操作造成仪器损坏或测量成果不合格者,以待岗培训的方式处理。

5)注意生产安全,牢固树立生产安全的概念,生产作业中时时不忘安全。

6)测量工作结束后,应进行自检,自检合格后,交外业组长复查,复查合格后,提交质量检查组,外业观测记录应符合规范规定的要求,各专业外业工作结束后,应提交规范的成果资料。

2. 内业生产管理

1）由专人负责检查外业观测记录数据是否符合规范要求的格式，闭合差是否超限，若检查不合格，应补测或重测。

2）内业作业人员应严肃认真，一丝不苟，严格按规范规定的要求整理数据。内业计算资料均应有计算人、复核人、审核人的签名。

3）内业作业中有不清楚的地方，绝不能凭主观推测处理，应询问外业人员确认，或如有必要亲赴作业现场确认。

4）内业操作中使用的软件应验证，作业员应熟练掌握软件的使用方法，避免丢失数据或错误发生。

5）内业工作结束后，应会同外业组长编写本次工程的技术总结及测绘报告，迎接质量检查组的质量检查。

（二）测绘技术质量管理

1）接受测量任务后，应组织技术人员踏勘现场，收集资料，起始点资料应由甲方以书面形式签字盖章后，才能交外业组（见图14-2）。

2）根据甲方要求和工程实际情况，以规范为依据，编写测量任务书和技术设计书，可以指定一人起草，再由测绘管理技术人员会审，编写结束后签名。

3）应定期组织测量技术人员进行专业培训，不断引进和吸引新技术新方法，提高技术人员的业务水平。

4）应加强对技术工人的培训和实践，积极响应劳动管理部门推行的持证上岗制度，技术工人必须持证上岗。

图 14-2

5）不断研究开发新的技术应用，针对实际工作中遇到的新情况、新问题，提出相应的解决办法，鼓励动脑筋，想办法，努力把每个环节做到规范化，以提升整个单位的技术水平。

6）一个测绘工程结束后，应提交完整的资料并归档，并应十分重视资料整理工作，对不完整或不合格的资料应坚决重做。

7）测量成果和资料不得私自提供给他人，应严守保密制度如发现私自提供给他人测量成果者，以批评教育或下岗的方式处理，情节严重者由党政部门按党纪国法处理。

（三）测绘产品质量管理

1）质量是企业的生命，每个员工都必须有自觉的质量概念，产品质量是一把尺子，质量好坏代表了单位的形象和综合管理水平，应推广全面质量管理。

2）外业组应严格按规范和技术设计书的要求作业，严把质量关，外业记录应全面推行电子记录方式作业，外业观测应遵守各类工程对气象因素的要求，决不能蛮干。

3）仪器精度是测量精度的重要保证，因此测量前的仪器检查是十分重要的。全站仪必须检查其测距精度、水平角、垂直精度、十字丝位置、垂直误差、水平误差等，如发现不合精度要求，必须立即改正或送修。水准仪必须检查圆盒水准气泡、管水准气泡、十字丝、i角，特别是i角的检查，发现问题，必须改正或送修。测深仪必须做比对测量，如测深不准，要立即校正或送修。所有检查项目要有记录、有签字，有问题的要有汇报、有处理意见。

4）严格执行"两级检查，一级验收"的制度，外业组自检，质量检查组复检，总工室验收。

5）测量工程应编写相应的测量成果或测量技术报告，并履行验收手续。

（四）测绘产品质量检查的内容和方法

为了确保成果、成图的质量，作业小组在测图过程中必须做好经常性检查。要做到：①站站检查，即每站测图结束，检查本站所测地籍要素、地物、地貌有无错误和遗漏，用仪器检查邻站所测部分界址点，地物、地貌点的平面和高程是否超限，如有错误，及时纠正；②沿途检查，即迁站过程中，即沿途进行巡视检查，观察图上的地物、地貌是否正确，有无遗漏；③全面检查，即本幅图的野外工作结束后，作业小组还应对本幅图做一次全面的检查，以保证成果、成图质量，便于检查验收。

全面检查包括室内检查、野外巡视检查和仪器检查三种。下面介绍室内检查和野外巡视检查。

1）室内检查。它是检查成果、成图质量的第一步。首先，检查各种控制资料是否齐全；各项成果的图形条件是否满足要求；计算是否正确；有无超限或其他不符合要求的数据；图上注记的高程是否与计算成果一致。其次，检查各种记录、观测和计算手簿中的记载是否齐全、正确、清晰，有无连环涂改，是否合乎要求。所有控制资料都应做全面详细检查，但也可视实际情况重点抽查其中某一部分。

2）野外巡视检查。它比较容易了解测图质量的一般情况和发现作业中的缺点与错误。选择巡视路线的原则是既能检查室内发现重大疑点，又能检查范围较大、分布均匀的测绘面积。其方法为一般沿道路进行，检查时将原图上地物、地貌与实地对照比较，查看有无遗漏，综合取舍情况，形状是否相似，地貌显示是否逼真，符号运用、名称及其他注记是否正确等，发现问题现场改正。

五、测绘质量监督管理

测制测绘产品必须执行国家标准、行业标准；用户有特定需求的，必须在测绘合同中补充规定，并按约定的标准执行。测制测绘产品所使用的测绘计量器具，必须按照有关计量法律、法规、规章的规定进行检定或者校准，进口和购置的测绘计量器具应当符合计量法律、法规的规定。测绘单位应当按照测绘生产技术规律办事，有权拒绝用户提出的违反国家有关规定的不合理要求，有权提出保证测绘质量所必需的工作条件及合理工期、合理价格。

基础测绘项目的质量，由组织实施该项目的测绘地理信息行政主管部门监督管理；非基础测绘项目的质量，由项目实施地的测绘地理信息行政主管部门监督管理。测绘单位必须接受测绘地理信息行政主管部门和技术监督行政部门的质量监督管理，按照监督检查的需要，向测绘产品质量监督检验机构无偿提供检验样品。拒绝接受监督检查的，其产品质量按"批不合格"处理。

甲、乙级测绘单位至少每2~3年检查一次，丙、丁级测绘单位至少每4~5年检查一次。

测绘项目出资人要依法择优选择项目承担单位，并自觉接受测绘地理信息行政主管部门的监督；设计单位要按国家有关法律法规和技术标准进行项目设计，确保设计质量，应无条件帮助解决因设计造成的质量问题，并承担设计质量责任；施测单位必须严格按照合同、有关标准、项目设计书施测，确保所使用的仪器、设备、软件等符合国家有关规定；负责质量检验或验收的单位及专家，要严格依据国家有关规定、标准和设计书的要求，对项目进行检验或验收，并对做出的结论负责。

国务院测绘地理信息行政主管部门建立"测绘产品质量监督检验测试中心"（以下简称质检中心）；省、自治区、直辖市人民政府测绘地理信息行政主管部门建立"测绘产品质量监督检验站"（以下简称质检站），负责实施测绘产品质量监督检验工作。质检中心、质检站应经省级以上人民政府技术监督行政部门考核合格。质检站接受质检中心的技术指导。

监督抽查的主要内容如下：
1）项目技术文件的完整性和符合性。
2）项目中使用的仪器、设备等的检定情况及其精度指标与项目设计文件的符合性。
3）引用起始成果、资料的合法性、正确性和可靠性。
4）相应测绘成果各项质量指标的符合性。
5）成果资料的完整性和规范性。
6）法律、法规及有关标准规定的其他内容。

六、测绘质量的检查验收及责任承担

测绘质量检查验收要求如下：
1）测绘成果必须经过检查验收，验收合格后方能对外提供利用。
2）测绘单位对测绘成果质量实行过程检查和最终检查。
3）测绘成果过程检查由测绘单位的中队（室、车间）检查人员承担。
4）测绘成果最终检查由测绘单位的质量管理机构负责实施。
5）验收工作由测绘项目的委托单位组织实施，或由该单位委托具有检验资格的检验机构验收。
6）验收工作应在测绘成果最终检查合格后进行。
7）检查、验收人员与被检查单位在质量问题的处理上有分歧时，属检查中的，由测绘单位的总工程师裁定；属验收中的，由测绘单位上级质量管理机构裁定。凡委托验收中产生的分歧可报各省、自治区、直辖市测绘地理信息行政主管部门的质量管理机构裁定。

测绘单位对其完成的测绘成果质量负责，承担相应的质量责任。
1）测绘单位的法定代表人确定本单位的质量方针和质量目标，签发质量手册，建立本

单位的质量体系并保证有效运行,对本单位提供的测绘成果承担质量责任。

2)测绘单位的行政领导及总工程师(质量主管负责人)按照职责分工负责质量方针、质量目标的贯彻实施,签发有关的质量文件及作业指导书,处理生产过程中的重大技术问题和质量争议、技术总结,对本单位成果的技术设计质量负责。

3)测绘单位的质量管理机构及质量检查人员在规定的职权范围内,负责质量管理的日常工作。编制年度质量计划,贯彻技术标准和质量文件,对作业过程进行现场监督和检查,处理质量问题,组织实施内部质量审核工作。各级检查人员对其所检查的成果质量负责。

4)测绘生产人员必须严格执行操作规程,按照技术设计进行作业,并对作业质量负责。

5)测绘单位按照测绘项目的实际情况实行项目质量负责人制度。

6)测绘成果质量不合格的,责令测绘单位补测或者重测;情节严重的,责令停业整顿,降低资质等级直至吊销测绘资质证书;给用户造成损失的,依法承担赔偿责任。

议一议

辩题:测绘成果质量检查不合格也无所谓,只要满足项目使用需要就行。

案例 14-1

2012年7月辽宁省测绘地理信息局与大连市规划局对该市85个测绘资质单位的116个测绘项目成果质量进行了检查。在检查中发现,大连某测绘科技有限公司等5个单位的5个测绘成果质量不合格,主要问题是项目实施期间所用的仪器设备没有检定证书,起算数据来源不明、等级不清、注记不清,平面位置、相对位置精度不达标,引用图式与设计书所述不一致、不能读图,检查报告内容不完整,检查报告精度指标有误,技术总结不符合要求等。辽宁省测绘地理信息局印发通报,依据有关规定对大连某测绘科技有限公司等5个单位的5个测绘项目成果质量不合格问题,做出停业整顿、限期改正的处理。

辽宁省测绘地理信息局根据《中华人民共和国测绘法》第五条、第三十四条关于测绘技术规范、标准和测绘成果质量的有关规定,对这5个单位做出处理,责令其停业整顿,要求于2012年7月30日前将其修改补正的测绘项目成果报辽宁省测绘产品质量监督检验站复检。复检通过后,方可复业。

(案例引自《辽宁省测绘地理信息局通报处理5家测绘成果质量不合格单位》)

案例 14-2

2014年河北省测绘产品质量监督检验站对石家庄全市24家丙(丁)级测绘资质单位进行了监督抽查,截止到2015年1月31日,包括河北某测绘技术服务中心在内的5家单位的测绘成果为质量监督抽查结果不合格。

根据《中华人民共和国测绘法》第五条、第三十四条关于测绘技术规范、标准和测绘成果质量的有关规定,河北省测绘产品质量监督检验站对此次不合格的5家测绘单位给予通报批评,责令其按照相关技术要求限期整改,且2年内不得申请资质升级和变更测绘业务范围。

(案例引自《石家庄市国土局曝光五家测绘成果质量不合格单位且2年内不得变更业务》)

 请查阅相关资料了解《中华人民共和国测绘法》第五条、第三十四条关于测绘技术规范、标准和测绘成果质量的有关规定,第四十八条关于测绘成果质量不合格的法律责任的有关规定。

【知识链接】

《中华人民共和国测绘法》摘录

第五条 从事测绘活动,应当使用国家规定的测绘基准和测绘系统,执行国家规定的测绘技术规范和标准。

第六条 国家鼓励测绘科学技术的创新和进步,采用先进的技术和设备,提高测绘水平。

对在测绘科学技术进步中做出重要贡献的单位和个人,按照国家有关规定给予奖励。

第三十四条 测绘单位应当对其完成的测绘成果质量负责。县级以上人民政府测绘行政主管部门应当加强对测绘成果质量的监督管理。

第四十八条 违反本法规定,测绘成果质量不合格的,责令测绘单位补测或者重测;情节严重的,责令停业整顿,降低资质等级直至吊销测绘资质证书;给用户造成损失的,依法承担赔偿责任。

《测绘地理信息质量管理办法》摘录

第十五条 测绘单位应按照质量管理体系建设要求,建立健全覆盖本单位测绘地理信息业务范围的质量管理体系,规范质量管理行为,确保质量管理体系的有效运行。

第十六条 甲、乙级测绘资质单位应设立质量管理和质量检查机构;丙、丁级测绘资质单位应设立专职质量管理和质量检查人员。测绘地理信息项目的技术和质检负责人等关键岗位须由注册测绘师充任。

第十七条 测绘单位应建立质量责任制,明确岗位职责,制定并落实岗位考核办法和质量责任。

第十八条 测绘地理信息项目实施所使用的仪器设备应按照国家有关规定进行检定、校准。

用于基础测绘项目和规模化测绘地理信息生产的新技术、新工艺、新软件等,须得到项目组织方同意或通过由项目组织方组织的检验、测试或鉴定。

第十九条 测绘单位应建立合同评审制度,确保具有满足合同要求的实施能力。

测绘地理信息项目实施，应坚持先设计后生产，不允许边设计边生产，禁止没有设计进行生产。技术设计文件需要审核的，由项目委托方审核批准后实施。

第二十条　测绘地理信息项目实行"两级检查、一级验收"制度。

作业部门负责过程检查，测绘单位负责最终检查。过程成果达到规定的质量要求后方可转入下一工序。必要时，可在关键工序、难点工序设置检查点，或开展首件成果检验。

项目委托方负责项目验收。基础测绘项目、测绘地理信息专项和重大建设工程测绘地理信息项目的成果未经测绘质检机构实施质量检验，不得采取材料验收、会议验收等方式验收，以确保成果质量；其他项目的验收应根据合同约定执行。

第二十一条　国家法律法规或委托方有明确要求实施监理的测绘地理信息项目，应依法开展监理工作，监理单位资质及监理工作实施应符合相关规定。监理单位对其出具的监理报告负责。

第二十二条　测绘单位对其完成的测绘地理信息成果质量负责，所交付的成果，必须保证是合格品。

测绘单位应建立质量信息征集机制，主动征求用户对测绘地理信息成果质量的意见，并为用户提供咨询服务。

测绘单位应及时、认真地处理用户的质量查询和反馈意见。与用户发生质量争议的，报项目所在地测绘地理信息行政主管部门进行处理，或依法诉讼。

第二十三条　测绘地理信息项目通过验收后，测绘单位应将项目质量信息报送项目所在地测绘地理信息行政主管部门。

第二十四条　测绘地理信息项目依照国家有关规定实行项目分包的，分包出的任务由总承包方向发包方负完全责任。

学习情境 15

正确绘制中国地图

【学习目标】
1. 熟悉中国版图的相关知识。
2. 能够正确绘制中国地图。

一、中国版图知识问答

1）你知道我国位于地球上的什么位置？

答：我国位于亚洲的东部，东临太平洋，西北深入亚洲大陆，是个海陆兼备的国家。

2）我国陆地面积有多大？领土的最北端、最南端、最西端、最东端的四至点大概在哪里？

答：我国陆地面积约 960 万平方公里，约占世界陆地总面积的 1/15，是世界上面积最大的国家之一。领土最北端位于黑龙江省漠河附近的黑龙江江心，最南端到南沙群岛南端的曾母暗沙；最东端位于黑龙江省抚远县境内黑龙江与乌苏里江汇合处，最西端到新疆维吾尔自治区乌恰县以西的帕米尔高原。

3）我国地势有什么地理特征？

答：我国地势西高东低，自西向东形成三大阶梯下降，如图 15-1 所示。

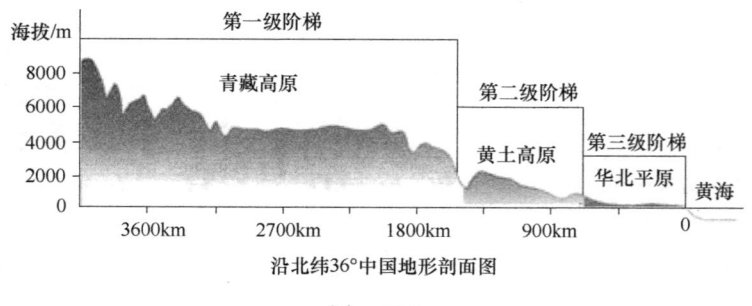

沿北纬36°中国地形剖面图

图 15-1

4）我国有多少个省级行政单位？

答：我国省级行政单位共 34 个，即：北京、天津、上海、重庆 4 个直辖市；河北、山西、辽宁、吉林、黑龙江、江苏、浙江、安徽、福建、江西、山东、河南、湖北、湖南、广东、海南、四川、贵州、云南、陕西、甘肃、青海、台湾 23 个省；内蒙古自治区、广西壮族自治区、西藏自治区、宁夏回族自治区、新疆维吾尔自治区 5 个自治区；香港和澳门 2 个特别行政区。

5）我国有多少个邻国？

答：与我国陆、海相邻的国家达 20 个。东邻朝鲜，北邻蒙古，东北邻俄罗斯，西北邻哈萨克斯坦、吉尔吉斯斯坦、塔吉克斯坦，西和西南与阿富汗、巴基斯坦、印度、尼泊尔、不丹等国家接壤，南与缅甸、老挝、越南相连。东部和东南部同韩国、日本、菲律宾、文莱、马来西亚、印度尼西亚隔海相望。

6）我国陆地边界线有多长？其起点和终点分别位于什么位置？

答：我国陆地边界长达 2.28 万公里，自中国与朝鲜边境的鸭绿江口，至中国与越南边境的北仑河口。

7）我国的领海面积有多大？由哪几部分组成？

答：我国的领海面积约 470 多万平方公里，包括渤海（内海）、黄海、东海、南海。

8）在我国海域上分布众多岛屿，你知道我国岛屿的数量吗？哪个岛面积最大？其面积有多大？

答：我国海域上分布有大小岛屿 7600 多个。台湾岛最大，其面积约为 3.6 万平方公里。

9）我国的南海诸岛主要由哪几个群岛组成？

答：南海诸岛是我国南海中许多岛、礁、沙、滩的总称，包括广泛分布的 200 多个岛、礁、沙、滩。南海诸岛北起东沙群岛的北卫滩，南至曾母暗沙，西起万安滩，东至黄岩岛。按其所处位置一般分为四群：东沙群岛、西沙群岛、中沙群岛、南沙群岛。

10）为什么在地图上不能漏绘钓鱼岛和赤尾屿等岛屿？

答：钓鱼岛、赤尾屿等岛屿自古以来就是中国的领土。早在明朝初年就属于中国版图。中国政府自明朝对钓鱼岛实行管辖和守卫以来就有许多关于钓鱼岛及其附属岛屿的文献记载。甲午战争失败后，清政府被迫将台湾及其附属岛屿钓鱼岛等一起割让给日本。1945 年日本投降后，本应无条件地将台湾及其附属岛屿钓鱼岛等归还中国。1951 年 9 月 8 日，在排除当事国中国的情况下，日本与美国非法签订了《旧金山和约》，将包括琉球群岛和钓鱼岛等在内的岛屿交由美国托管。

1971 年日本与美国签署《美日归还冲绳协定》。1972 年美国在向日本交还琉球群岛时，将包括中国钓鱼岛及其附属岛屿在内的托管辖区一并交给日本，并由日本实际控制。1971 年 12 月 30 日，中华人民共和国外交部发表严正声明："钓鱼岛、黄尾屿、赤尾屿、南小岛、北小岛等岛屿是台湾的附属岛屿，它们和台湾一样，自古以来就是中国领土不可分割的一部分。"因此，为维护国家主权和版图完整，在绘制中国地图时，绝对不能漏绘钓鱼岛和赤尾屿等岛屿。

11）你知道香港、澳门的地理位置吗？

答：香港地处我国南部海疆，在珠江口东侧，与深圳经济特区毗邻，为珠江内河与南海交通的咽喉，南中国的门户。澳门位于宽阔的珠江口西侧，北面与珠海经济特区毗连。

12）香港、澳门何时被侵占，又是何时回归祖国的怀抱的？

答：香港从 1841 年开始逐步被英国侵占，1997 年 7 月 1 日我国对香港恢复行使主权。澳门从16世纪中期后逐步被葡萄牙侵占，我国于1999年12月20日恢复对澳门行使主权。

13）为什么说台湾是我国领土不可分割的一部分？

答：台湾自古以来就是中国的领土，台湾与大陆的交往源远流长。早在三国时期，吴国孙权曾于公元230年春，派遣卫温、诸葛直率领数万名将士到达台湾。1335年，元朝正式在澎湖设"巡检司"，管辖澎湖和台湾民政，隶属于福建省泉州同安县（今厦门）。从此，中国开始在台湾设立专门的政府机构。1624年，台湾沦为荷兰殖民地。1662年，郑成功收复台湾，使台湾回到了祖国母亲的怀抱。1885年，台湾成为清政府第20个行省。甲午战争后，清政府被迫割让台湾和澎湖列岛。1945年抗日战争胜利，台湾重新回归中国版图。

1971年10月25日，联合国第26届大会以压倒多数通过了第2758号决议。这一决议明确承认"中华人民共和国政府的代表是中国在联合国组织的唯一合法代表，中华人民共和国是安全理事会五个常任理事国之一"。中国在联合国的代表权问题在政治上、法律上和程序上得到了解决。中华人民共和国在联合国的代表权不仅是合法的，也是唯一的。这充分表明，世界上只有一个中国，台湾作为中国的一个省，是中国领土不可分割的一部分，已经得到国际社会的公认。

二、绘制中国地图

国界亦称"边界"或"疆界"，是确定一个国家领土范围以及将该国同邻国和公海分界的界线，也是国家实施其主权的界限。相邻两国的陆上国界和水上国界是以双边条约的方式确定的。海上国界通常由沿岸国之间通过大陆架划分、签订边界协定等方式加以规定。通过陆上国界和水上国界的垂直面，构成该国的领空和地下界线。陆地国界上竖立有界标。标示地面国界的界标有界碑（见图15-2）、界牌、界桩和界塔等。国界由相邻国双方共同负责维护，具有不可侵犯的性质。

图 15-2

中国地图的表现形式主要有两种：一种是大陆与南海诸岛完整表示的形式，另一种是南海诸岛作为附图的形式。

绘制中国地图时应当重点注意以下几个要点：①准确反映我国领土范围及其形状特征，正确表示中国国界线；②中国全图必须表示南海诸岛、钓鱼岛、赤尾屿等重要岛屿，并用相应的符号绘出南海九段线；③正确表示台湾是中国领土不可分割的一部分。

国家测绘地理信息局网站（www.sbsm.gov.cn）上发布了中国地图标准画法示意图，供各单位和个人下载使用，这些地图可以直接使用在书刊、影视、网络、广告中，也可以为地图编制者提供基本底图。

案例 15-1

2011年8月，国家测绘地理信息局接到举报，反映某地理杂志社出版的杂志登载的地图存在问题。国家测绘地理信息局发函指定北京市规划委员会负责调查处理。经查，该地理杂志社未依法送审地图，导致该社出版的杂志（2010年第1~5期和2011年第3~6期）登载的地图发生国界线和行政区域界线绘制不准确以及漏绘我国钓鱼岛、赤尾屿、南海诸岛等问题。其行为违反了《中华人民共和国地图编制出版管理条例》第六条、第十八条（现为违反了《地图管理条例》第十条、第十五条）关于地图管理的有关规定。

2011年12月，北京市规划委员会依据《中华人民共和国地图编制出版管理条例》第二十五条（现为依据《地图管理条例》第四十九条）的有关规定，对该地理杂志社做出立即停止杂志（2010年第1~5期和2011年第3~6期）的发行、销售，并处相应数额罚款的行政处罚。

（案例引自《关于2011年测绘地理信息违法典型案件的通报》）

案例 15-2

2014年3月，广东省国土资源厅对某报社涉嫌登载"问题地图"一事进行立案调查。经查，该报社2013年12月30日出版的报纸中刊载的两篇文章的配图，由该社图形设计人员从素材中国网站和站酷网下载，并进行颜色编辑后作为配图使用。该配图存在错将我国藏南地区、阿克赛钦地区绘入印度，漏绘钓鱼岛和南海诸岛，漏绘重庆市界线等问题。该报社的行为违反了《中华人民共和国地图编制出版管理条例》第十七条（现为违反了《地图管理条例》第十五条）和《广东省测绘条例》第四十条的有关规定。2014年5月，广东省国土资源厅根据《中华人民共和国地图编制出版管理条例》第二十五条和《广东省测绘条例》第四十七条的规定，对该报社做出责令停止违法行为，没收当期未出售的报纸，责令该报社在报纸显著位置刊载更正声明，并处相应数额罚款的行政处罚。

（案例引自《关于2014年测绘地理信息违法典型案件的通报》）

 请查阅相关资料了解《地图管理条例》第十条、第十五条和第四十九条的有关规定。

 【知识链接】

《地图管理条例》摘录

第十条　在地图上绘制中华人民共和国国界、中国历史疆界、世界各国间边界、世界各国间历史疆界，应当遵守下列规定：

（一）中华人民共和国国界，按照中国国界线画法标准样图绘制；

（二）中国历史疆界，依据有关历史资料，按照实际历史疆界绘制；

（三）世界各国间边界，按照世界各国国界线画法参考样图绘制；

（四）世界各国间历史疆界，依据有关历史资料，按照实际历史疆界绘制。

中国国界线画法标准样图、世界各国国界线画法参考样图，由外交部和国务院测绘地理信息行政主管部门拟订，报国务院批准后公布。

第十五条 国家实行地图审核制度。向社会公开的地图，应当报送有审核权的测绘地理信息行政主管部门审核。但是，景区图、街区图、地铁线路图等内容简单的地图除外。地图审核不得收取费用。

第四十九条 违反本条例规定，应当送审而未送审的，责令改正，给予警告，没收违法地图或者附着地图图形的产品，可以处10万元以下的罚款；有违法所得的，没收违法所得；构成犯罪的，依法追究刑事责任。

《广东省测绘条例》摘录

第四十条 公开出版地图，提供互联网地图服务，展示、登载未出版的地图，引进地图或者生产、加工附有地图的各类产品，有关单位应当将试制样图或者样品报测绘行政主管部门审核批准。未经审核批准的地图和附有地图的各类产品，不得出版、展示、印刷、引进或者生产、加工，不得提供互联网地图服务。测绘行政主管部门对地图进行审核、批准，不得收取费用。

本省编印的中、小学教学地图和附有地图的教材、教学资料、教学用品，应当由省人民政府教育行政主管部门会同省人民政府测绘行政主管部门审定。

本条第一款、第二款规定的审批的权限和程序按照国家有关地图管理的规定办理。

引用已经测绘行政主管部门审核批准的地图并标注审图号的，不需要报测绘行政主管部门批准。

第四十七条 违反本条例规定，有下列行为之一的，责令停止违法行为，并处三千元以上一万元以下的罚款：

（一）未经测绘行政主管部门审核或者审定，擅自编制、印刷、出版、展示、登载和销售地图或者附有地图的各类产品的；

（二）未按照规定将地图样图或者样品报送备案的。

参 考 文 献

[1] 国家测绘地理信息局职业技能鉴定指导中心. 测绘管理与法律法规［M］. 北京：测绘出版社，2012.

[2] 李保平，刘贵明. 测绘与土地法规［M］. 郑州：黄河水利出版社，2010.

[3] 杨明强. 测绘法律法规与测绘管理监理［M］. 成都：西南交通大学出版社，2012.

[4] 李维森，谢经荣. 中华人民共和国测绘成果管理条例释义［M］. 北京：法律出版社，2006.

[5] 张万峰. 测绘法律知识读本［M］. 北京：法律出版社，2006.

[6] 张万峰. 中国测绘法律制度概论［M］. 北京：人民交通出版社，2007.

[7] 国家测绘局. 国家测绘局公布 2006 年十大测绘违法典型案件［OL］. 2007-03-05 ［2015-12-07］. http：//news. xinhuanet. com/politics/2007-03-05/content_5804107. htm.

[8] 国家测绘局. 测绘局关于 2008 年十大测绘违法典型案件的通报［OL］. 2009-03-16 ［2015-12-07］. http：//www. gov. cn/gzdt/2009-03/16/content_1260750. htm.

[9] 国家测绘局. 2009 年度十大测绘违法典型案件［OL］. 2010-05-21 ［2015-12-07］. http：//www. sbsm. gov. cn/article/chjg/pfyzf/201101/20110100078142. shtml.

[10] 国家测绘局. 国家测绘局通报 2010 年十大测绘违法典型案件［OL］. 2011-05-10 ［2015-12-07］. http：//www. sbsm. gov. cn/article/chyw/201105/20110500082626. shtml.

[11] 国家测绘地理信息局. 关于 2011 年测绘地理信息违法典型案件的通报［OL］. 2012-05-04 ［2015-12-07］. http：//tzotchzt. sbsm. gov. cn/article/zxgz/elesdaj/201204/20120400100972. shtml.

[12] 国家测绘地理信息局. 关于 2014 年测绘地理信息违法典型案件的通报［OL］. 2015-07-03 ［2015-12-07］。http：//www. sbsm. gov. cn/article/tzgg/201507/20150700028546. shtml.

[13] 教育部. 教育部印发《中等职业学校德育大纲（2014 年修订）》［OL］. 2015-01-19 ［2015-12-07］. http：//www. gov. cn/xinwen/2015-01/19/content_2805979. htm.

[14] 周鑫. 遥控无人机闯首都机场空域［OL］. 2013-12-31 ［2015-12-07］. http：//news. sina. com. cn/0/2013-12-31/150429129403. shtml.

[15] 铁路工程测量事故案例［OL］. 2014-05-16 ［2015-12-07］. http：//www. doc88. com/p-2764352540388. html.

[16] 不提供规范测绘报告，开发商吃官司［OL］. 2014-07-21 ［2015-12-07］. http：//www. doc38. com/p-2961095352397. html.

[17] 新疆维吾尔自治区测绘地理信息局. 新源县查处一起国家测量标志破坏案件［OL］. 2012-09-25 ［2015-12-07］. http：//www. xjch. gov. cn/article/hyxw/201209/20120900111731. shtml.

[18] 江苏省测绘地理信息局. 金湖县查处一起测量标志损坏案件［OL］. 2012-04-11 ［2015-12-07］. http：//www. sbsm. gov. cn/article/chjg/clbzgl/201204/20120400100812. shtml.

[19] 中国网络电视台. 警惕互联网地图泄密［OL］. 2010-05-17 ［2015-12-07］. http：//news. cntv. cn/china/20100517/102927. shtml.

[20] 辽宁省测绘地理信息局. 辽宁省测绘地理信息局通报处理 5 家测绘成果质量不合格单位［OL］.

2012-07-05 [2015-12-07]. http://www.sbsm.gov.cn/article/chjg/zljg/201207/20120700104533.shtml.

[21] 白丽敬. 石家庄市国土局曝光五家测绘成果质量不合格单位且2年内不得变更业务 [OL]. 2015-02-06 [2015-12-07]. http://news.xinhuanet.com/house/sjz/2015-02-06/c-1114273709.htm.